Långsam tillagningskonst

2023

En kokbok för ljuvligt smakrika rätter

Monica Andreasson

innehållsförteckning

kyckling med vermouth 10
Kyckling med broccoli i vitt vin 11
sherriedyckling 12
Burgundy kyckling med färskpotatis 14
provensalsk kyckling 15
Kycklingluau i ananasjuice 16
Karibisk kyckling med svarta bönor 18
tupp i vin 19
paprika kyckling 21
kashmir kyckling 23
Kycklingcurry med äpple och morot 24
Kyckling och morötter med thailändska kryddor 25
Indisk curry kyckling och grönsaker 26
currykrydda 28
Kycklingcurry med blomkål och potatis 29
Kycklingcurry och ingefära 30
Curry ingefära kryddblandning 32
Kycklingcurry och äpple 33
Marockansk kyckling med couscous 34
Marockansk kyckling och kikärter 35
Mellanöstern stil kyckling 36
Träkol Kyckling 38
Kyckling med kronärtskockor 39
Kyckling med kanel, citron och fetaost 40

Spanskt kycklingris ... 41
Medelhavskyckling med tomater ... 42
Medelhavskyckling med kronärtskockor ... 43
kyckling pepperonata ... 45
Kyckling och ravioli ... 46
Kyckling med grönsaker och pasta ... 47
kyckling marinara ... 49
Kyckling, svamp och tomat med Polenta ... 50
mikrovågsugn polenta ... 51
Kyckling Cacciatore ... 52
Italienska bönor och grönsaker med Polenta ... 54
kyckling Alfredo ... 56
Aprikosglaserade poussins ... 58
toskansk kyckling ... 59
aprikosglasyr ... 61
hem kalkon ... 62
Korv med potatis och paprika ... 63
Turkiet Ragu i vitt vin ... 65
Turkiet och vildris ... 67
Turkiet med aprikoser ... 68
Chile Sydamerikanska Turkiet ... 69
kalkon köttfärslimpa ... 70
Italiensk köttbullegryta ... 71
Latinamerikanska Turkiet och squash ... 73
kalkon cacciatore ... 74
Korv med het paprika ... 75
Kalkonkorv och fänkålsgryta ... 77

Rökt kikärtsgryta 78

Tonfisknuddelgryta 79

Pocherad lax med citronsås och kapris 81

Citron och Kaprissås 82

Laxbröd med gurksås 83

gurksås 84

hälleflundra på salladsblad 85

Red snapper med karamelliserad vitlökssås 86

karamelliserad vitlökssås 87

Tonfisk fylld Spaghetti Squash 88

Skaldjur med örter och vin 89

Marulk gryta smaksatt med fänkål 91

Grön sås fisk 92

Kolja och soltorkade tomater 93

Cioppino med pasta 94

Rökt kolja Kedgeree 96

Krabba och räkor sällsynt 98

Skaldjur med potatis och broccoli 100

bayou snapper 102

Snapper gryta 104

Ris med röd paprika 106

kreolfisk 107

kreolsk torsk 109

söt och sur karibisk lax 111

Kungsräkor med kronärtskockor och paprika 113

Räkor och okragryta 114

Kreolräkor med skinka 115

Cajun räkor, sockermajs och bönor 117
Räkor och Korv Gumbo 119
Pasta med färsk tomat och örtsås 120
Vinter grönsaksrisotto 121
Porcini Risotto 122
Broccoli och pinjenötsrisotto 124
Risi Bisi 125
sommar grönsaksrisotto 126
Äggkaka med svamp och basilika 127
Grillad grönsaksbakning 129
lasagne i lager 131
Pasta sallad med aubergine 132
Grönsakspasta med kryddor 133
welsh rarebit 135
Makaroner och tomatgryta 136
Penne med fyra ostar 137
All Season Grönsaksgryta 138
Chile med attityd 140
Blandade grönsaker med Cobbler Chili Topping 142
Grönsaksgryta 144
Vetebär med linser 145
Sötsyrlig pumpa med potatis 146
Vilda svampar med Cannellini 148
Grönsaksgryta med Bulghar 150
Vitlökslinser med grönsaker 152
Linser med kryddad couscous 154
kryddad couscous 155

Svarta bönor och grönsaker gryta *156*
Bönor och squashgryta *158*
Rejäla bönor och korn med spenat *159*
Sötböngryta *160*
Gryta med svarta bönor och spenat *161*
Söta, kryddiga och kryddiga grönsaker och bönor *163*
Vinterbönor med rötter *165*
Kryddad tofu med grönsaker *167*
Aubergine, paprika och okragryta *168*
Italiensk grönsakstortellini med ost *170*
Colombianska kikärter *171*
Argentinska grönsaker *173*
Bön- och makarongryta *175*
Kikärter med rostad paprika och krämig polenta *176*
Ratatouille med feta aioli *178*
Fetaost Aioli *179*
Curry okra och sockermajs med couscous *180*
grönsakstajine *181*
spansk tofu *183*
Grönsaksmix med couscous *185*
Afrikansk sötpotatisgryta *187*
vitlökskryddpasta *188*
vegetabilisk stroganoff *189*
Kålragout med äkta potatismos *190*
Pumpa och potatisgulasch *192*
Havregrynsgröt med Maple V *194*
Flerkorns frukostflingor *195*

tjock äppelmos 196
Kronärtskockor med mock hollandaisesås 197
Simulerad Hollandaisesås 198
Italiensk sparris och vita bönor 199
Franska bönor i grekisk stil 200
Orientaliska franska bönor 201
Fransk böngryta 202
Supreme gröna bönor 203
Santa Fe bakade bönor 204
Toskansk bönbaka 205
Brazilian Black Bean Bake 206
Ginger bakade bönor 207
Dijonbetor 209
rödbeta med honung 210
Sockerglaserad brysselkål och vårlök 211
Vinbräserad kål 212
gräddkål 213
Morotspuré med ingefära 214
Blomkål och fänkålspuré 215
rotselleripuré 216
Örtad broccolipuré 217
Orange glaserade babymorötter 218

kyckling med vermouth

Vermouth ger alltid en touch av elegans. Vid slutet av tillagningstiden kan juicerna förtjockas med en kombination av 2 matskedar majsmjöl och 50 ml kallt vatten, om så önskas.

Serverar 8

1,5 kg / 3 lb kycklingbröst och lår utan skinn
175 ml / 6 fl oz kycklingbuljong
4 fl oz / 120 ml torr vermouth eller kycklingbuljong
4 färskpotatisar i tärningar
4 morötter, tjockt skivade
100 g / 4 oz svamp, halverad eller kvartad
1 stor lök, tunt skivad
2 stjälkar selleri, skivade
1 pressad vitlöksklyfta
½ tsk torkad timjan
salt och nymalen svartpeppar efter smak

Kombinera alla ingredienser, utom salt och peppar, i en 5,5-liters/9½-pints slow cooker. Täck över och koka på låg i 6 till 8 timmar. Smaka av med salt och peppar.

Kyckling med broccoli i vitt vin

En gul sommarsquash kontrasterar vackert med broccolin i den här rätten, men grön zucchini fungerar lika bra. Servera med ris eller italienskt bröd för att suga upp den läckra buljongen.

för 4 personer

450 g / 1 pund skinnfria kycklingbröstfiléer, i tärningar
120 ml kycklingbuljong
120 ml / 4 fl oz torrt vitt vin
1 hackad lök
2 stora vitlöksklyftor, krossade
1 lagerblad
1 tsk torkad oregano
1 tsk torkad timjan
175 g / 6 oz små broccolibuketter
175 g / 6 oz gul zucchini eller squash, i tärningar
salt och nymalen svartpeppar efter smak

Blanda alla ingredienser, utom broccolin, zucchini eller squash, salt och peppar, i långsamkokaren. Täck över och koka på högvarv i 4 till 5 timmar, tillsätt broccoli och zucchini eller squash under de sista 20 minuterna. Kasta lagerbladet. Smaka av med salt och peppar.

sherriedyckling

Snöärter och röd paprika passar utmärkt till kyckling som sjuder i ingefära, sherry och sojabuljong.

för 4 personer

450 g / 1 pund skinnfria kycklingbröstfiléer, i tärningar
250 ml / 8 fl oz kycklingbuljong
2 hackade lökar
½ röd paprika hackad
1 pressad vitlöksklyfta
1 cm / ½ i bit färsk rot ingefära, fint riven
150 g / 5 oz snöärter, skivade
1½ msk majsmjöl
2 matskedar torr sherry (valfritt)
3-4 matskedar sojasås
1-2 tsk rostad sesamolja
salt och nymalen svartpeppar efter smak
350 g / 12 oz kinesiska äggnudlar eller nudlar, kokta, varma
2 gräslök, skivad

Kombinera kyckling, buljong, lök, paprika, vitlök och ingefära i långsamkokaren. Täck över och låt koka högt i 3 till 4 timmar, tillsätt snöärter under de sista 20 minuterna. Tillsätt den kombinerade majsmjöl, sherry och sojasås, rör om i 2 till

3 minuter. Smaka av med sesamolja, salt och peppar. Servera över nudlar, beströdda med salladslök.

Burgundy kyckling med färskpotatis

Rött vin är perfekt för att göra en god, stark sås till kyckling och svamp. Servera över nudlar eller ris med en grönsallad.

för 6

1 kyckling, ca 1,25 kg, skuren i bitar

120 ml kycklingbuljong

120 ml / 4 fl oz Bourgogne vin

8 oz / 225 g babysvamp, halverad

6 små färskpotatisar, tvättade

100g / 4oz vårlök eller schalottenlök

6 gräslök, skivad

1 pressad vitlöksklyfta

¾ tesked torkad timjan

1-2 matskedar majsmjöl

2 till 4 matskedar vatten

salt och nymalen svartpeppar efter smak

Kombinera alla ingredienser, utom majsmjöl, vatten, salt och peppar, i en 9½-pint/5,5-liters långkokare. Täck över och koka på låg i 6 till 8 timmar. Vrid värmen till hög och koka i 10 minuter. Tillsätt det kombinerade majsmjölet och vattnet, rör om i 2-3 minuter. Smaka av med salt och peppar.

provensalsk kyckling

Vin, tomater, mycket vitlök och den franska kombinationen av örter ger den möra kokta kycklingen mycket smak.

för 4 personer

450 g / 1 pund skinnfria kycklingbröstfiléer, i tärningar (2 cm / ¾ in)

2 14 oz / 400 g burkar tärnade tomater

120 ml / 4 fl oz torrt vitt vin

120 ml kycklingbuljong

4 potatisar, skalade och tunt skivade

4 vitlöksklyftor, krossade

1½ – 2 tsk Herbes de Provence eller blandade örter

2 matskedar majsmjöl

50 ml / 2 fl oz vatten

salt och nymalen svartpeppar efter smak

finhackad färsk basilika, för att dekorera

Kombinera alla ingredienser, utom majsmjöl, vatten, salt och peppar, i långsamkokaren. Täck över och koka på låg i 6 till 8 timmar. Vrid värmen till hög och koka i 10 minuter. Tillsätt det kombinerade majsmjölet och vattnet, rör om i 2-3 minuter. Smaka av med salt och peppar. Strö rikligt över basilika.

Kycklingluau i ananasjuice

Ananasjuicen ger kycklingen en härlig sötsyrlig smak.

för 6

700 g / 1½ lb kycklingbröstfiléer utan skinn, i tärningar
120 ml kycklingbuljong
120 ml / 4 fl oz osötad ananasjuice
225 g / 8 oz svamp, skivad
2 morötter, skurna diagonalt
1 liten rödlök, tunt skivad
1 pressad vitlöksklyfta
2-3 matskedar ris eller cidervinäger
2-3 matskedar sojasås
2 små tomater, skurna i tunna skivor
100g / 4oz frysta ärtor, tinade
1-2 matskedar majsmjöl
2 till 4 matskedar vatten
salt och nymalen svartpeppar efter smak
100 g / 4 oz ris, kokt, varmt

Kombinera alla ingredienser, utom tomater, ärtor, majsmjöl, vatten, salt, peppar och ris, i långsamkokaren. Täck över och koka på låg i 6 till 8 timmar, tillsätt tomaterna under de sista 30 minuterna. Tillsätt ärtorna, höj värmen till hög och koka i 10 minuter. Tillsätt det kombinerade majsmjölet och vattnet, rör om i 2-3 minuter. Smaka av med salt och peppar. Servera över ris.

Karibisk kyckling med svarta bönor

Kanel, kryddnejlika och rom ger liv åt denna kyckling- och svartbönarätt.

för 4 personer

1 pund / 450 g kycklingbröstfiléer utan skinn, skurna i tunna strimlor
250 ml / 8 fl oz kycklingbuljong
400g / 14oz burk svarta bönor, avrunna och sköljda
8 oz / 225 g beredd tomatsås
1 hackad lök
½ stor grön paprika, hackad
2 pressade vitlöksklyftor
½ tsk mald kanel
¼ tesked mald kryddnejlika
2 till 4 matskedar ljus rom (valfritt)
salt och cayennepeppar efter smak
75 g / 3 oz ris, kokt, varmt

Kombinera alla ingredienser, utom rom, salt, cayennepeppar och ris, i långsamkokaren. Täck över och koka på hög i 4 till 5 timmar. Smaka av med rom, salt och cayennepeppar. Servera över ris.

tupp i vin

Denna enkla version av den franska klassikern är perfekt för den långsamma kokaren.

för 6

6 kycklingbröstfiléer utan skinn, ca 100g vardera, halverade
120 ml kycklingbuljong
120 ml / 4 fl oz Bourgogne vin
4 bitar bacon, skurna i tärningar
3 gräslök, skivad
100g / 4oz vårlök eller schalottenlök
225g / 8oz små svampar
6 små färskpotatisar, halverade
1 pressad vitlöksklyfta
½ tsk torkad timjan
1-2 matskedar majsmjöl
2 till 4 matskedar vatten
salt och nymalen svartpeppar efter smak

Kombinera alla ingredienser, utom majsmjöl, vatten, salt och peppar, i långsamkokaren. Täck över och koka på låg i 6 till 8 timmar. Vrid värmen till hög och koka i 10 minuter. Tillsätt det kombinerade majsmjölet och vattnet, rör om i 2-3 minuter. Smaka av med salt och peppar.

paprika kyckling

Servera den här rätten med tjocka skivor varmt surdegsbröd.

för 4 personer

1 lb / 450 g kycklingbröstfiléer utan skinn, i fjärdedelar på längden
400 g / 14 oz konserverade tomater
120 ml kycklingbuljong
2 fint hackade lökar
2 pressade vitlöksklyftor
1 hackad grön paprika
75 g / 3 oz svamp, skivad
2½ – 3 tsk paprika
1 tsk vallmofrön
120 ml gräddfil
1 msk majsmjöl
salt och nymalen svartpeppar efter smak
10 oz / 275 g nudlar, kokta, varma

Kombinera alla ingredienser, utom gräddfil, majsmjöl, salt, peppar och nudlar, i långsamkokaren. Täck över och koka på låg i 6 till 8 timmar. Tillsätt den kombinerade gräddfilen och majsmjölet, rör om i 2 till 3 minuter. Smaka av med salt och peppar. Servera över nudlarna.

kashmir kyckling

Denna rejäla gryta är smaksatt med russin och söta Mellanösternkryddor.

för 6

350–450 g / 12 oz – 1 lb kycklingbröstfiléer utan skinn, i tärningar (2,5 cm / 1 tum)
2 14 oz / 400 g burkar kidneybönor, avrunna och sköljda
400 g / 14 oz burk plommontomater
3 hackade lökar
½ stor röd paprika, hackad
2 tsk finhackad vitlök
¼ tsk hackade chiliflakes
1 tsk malen spiskummin
1 tsk mald kanel
50g / 2oz russin
salt och nymalen svartpeppar efter smak
8 oz / 225 g couscous, blötlagd, varm

Kombinera alla ingredienser, utom russin, salt, peppar och couscous, i långsamkokaren. Täck över och koka på hög i 4-5 timmar, tillsätt russinen under de sista 30 minuterna. Smaka av med salt och peppar. Servera över couscousen.

Kycklingcurry med äpple och morot

Äpplen och russin tillför sötma till denna goda curry.

för 4 personer

450 g / 1 pund skinnfria kycklingbröstfiléer, i tärningar
250 ml / 8 fl oz kycklingbuljong
1 stor morot, skivad
½ hackad lök
2 gräslök, skivad
1 pressad vitlöksklyfta
1-2 tsk currypulver
½ tesked mald ingefära
1 äpple, skalat och skivat
1½ oz / 40 g russin
175 ml/6 fl oz lättmjölk
1 msk majsmjöl
salt och nymalen svartpeppar efter smak
75 g / 3 oz ris, kokt, varmt

Kombinera kyckling, buljong, morot, lök, vitlök och kryddor i långsamkokaren. Täck över och låt koka högt i 4-5 timmar, tillsätt äpplet och russinen under de sista 30 minuterna. Tillsätt den kombinerade mjölken och majsmjölet, rör om i 2-3 minuter. Smaka av med salt och peppar. Servera över ris.

Kyckling och morötter med thailändska kryddor

Om du inte hittar thailändsk jordnötssås kan du använda 1 msk jordnötssmör och ¼ – ½ tsk krossade chiliflakes.

för 4 personer

450 g / 1 pund skinnfria kycklingbröstfiléer, i tärningar
300 ml / ½ pint kycklingbuljong
4 morötter, skivade diagonalt
6 gräslök, skivad
2,5 cm / 1 i stycke färsk rot ingefära, fint riven
3 stora vitlöksklyftor, krossade
1 msk sojasås
1 msk thailändsk jordnötssås
1 tsk socker
½ – 1 tsk rostad sesamolja
salt och nymalen svartpeppar efter smak
75 g / 3 oz ris, kokt, varmt

Kombinera alla ingredienser, utom sesamolja, salt, peppar och ris, i långsamkokaren. Täck över och koka på hög värme i 3 till 4 timmar. Smaka av med sesamolja, salt och peppar. Servera över ris.

Indisk curry kyckling och grönsaker

Blandningen av kryddor i currykryddan ger denna maträtt en unik smak.

för 6

1 lb / 450 g kycklingbröstfiléer utan skinn, i fjärdedelar på längden
175 ml / 6 fl oz grönsaksbuljong
175 ml / 6 fl oz kokosmjölk
400 g / 14 oz burk tärnade tomater
175 g / 6 oz tomatpuré
225 g / 8 oz svamp, grovt hackad
175 g potatis i tärningar
1 stor morot, skivad
100 g / 4 oz små blomkålsbuketter
150 g franska bönor, skurna i korta bitar
2 fint hackade lökar
2 matskedar vitvinsvinäger
2 msk farinsocker
1-2 msk currykrydda
100g / 4oz okra, putsad och skuren i korta bitar
salt att smaka
3 oz / 75 g brunt ris, kokt, varmt

Kombinera alla ingredienser, utom okra, salt och ris, i en 5,5-liters/9½-pint långkokare. Täck över och koka på låg i 6 till 8 timmar, tillsätt okran under de sista 30 minuterna. Smaka av med salt. Servera med riset.

currykrydda

Varför använda butiksköpt currypulver när du kan göra din egen?

för 6

2 tsk mald koriander

1 tsk mald gurkmeja

1 tsk chilipulver

½ tsk malen spiskummin

½ tsk torrt senapspulver

½ tesked mald ingefära

½ tsk svartpeppar

Blanda alla ingredienserna.

Kycklingcurry med blomkål och potatis

En mängd olika kryddor kombineras för att göra den doftande curryn som kryddar denna maträtt.

för 4 personer

350–450 g / 12 oz – 1 lb kycklingbröstfiléer utan skinn, i tärningar
250 ml / 8 fl oz kycklingbuljong
½ liten blomkål, skuren i buketter
2 tärningar potatis
2 morötter, tjockt skivade
1 stor tomat, hackad
1 hackad lök
2 vitlöksklyftor
¾ tesked mald gurkmeja
½ tsk torrt senapspulver
½ tsk malen spiskummin
½ tsk mald koriander
1-2 msk citronsaft
salt och cayennepeppar efter smak

Kombinera alla ingredienser, utom citronsaft, salt och cayennepeppar, i långsamkokaren. Täck över och koka på låg i 5-6 timmar. Smaka av med citronsaft, salt och cayennepeppar.

Kycklingcurry och ingefära

Denna kycklingrätt är kryddad med en läcker blandning av curry och kryddad ingefära.

Serverar 10

2 kycklingar, ca 1,25 kg vardera, skurna i bitar
375 ml / 13 fl oz kycklingbuljong
4 hackade lökar
200g / 7oz tomater, skalade, kärnade och hackade
2 pressade vitlöksklyftor
Curry ingefära kryddblandning (se nedan)
175g / 6oz frysta ärtor, tinade
15 g / ½ oz färsk koriander, hackad
250 ml / 8 fl oz gräddfil
2 matskedar majsmjöl
salt och nymalen svartpeppar efter smak
100 g / 4 oz ris, kokt, varmt

Kombinera kyckling, buljong, lök, tomater, vitlök och ingefära-curry kryddblandning i en 9½ pint/5,5-liters långkokare. Täck över och koka på låg i 6 till 8 timmar, tillsätt ärtorna under de sista 20 minuterna. Tillsätt koriander och kombinerad gräddfil och majsmjöl, rör om i 2 till 3 minuter. Smaka av med salt och peppar. Servera över ris.

Curry ingefära kryddblandning

Detta kommer att hålla i några dagar.

Serverar 10

5 cm/2 färsk ingefära, fint riven
1 msk sesamfrön
2 tsk korianderfrön
1 tsk spiskummin
1 tsk mald gurkmeja
1 tsk salt
¼ tesked pepparkorn
¼ tesked fänkålsfrön
¼ tsk hackade chiliflakes

Bearbeta alla ingredienser i en kryddkvarn eller matberedare tills de är finmalda.

Kycklingcurry och äpple

Smaker av äpple och ingefära ger denna kycklingrätt en härlig varm sötma. Servera med ris med spenat.

för 6

700 g / 1½ lb kycklingbröstfiléer utan skinn, halverade eller i fjärdedelar
375 ml / 13 fl oz kycklingbuljong
2 hackade lökar
2 stora morötter, skivade
1 pressad vitlöksklyfta
1½ msk currypulver
1 tsk mald ingefära
1 litet kokäpple, skalat och skivat
250 ml / 8 fl oz gräddfil
2 matskedar majsmjöl
salt och nymalen svartpeppar efter smak

Kombinera alla ingredienser, utom äpple, gräddfil, majsmjöl, salt och peppar, i långsamkokaren. Täck över och koka på låg i 5-6 timmar, tillsätt äpplet under de sista 30 minuterna. Tillsätt den kombinerade gräddfilen och majsmjölet, rör om i 2 till 3 minuter. Smaka av med salt och peppar.

Marockansk kyckling med couscous

Gläd din smak med denna kryddiga och fruktiga gryta.

för 4 personer

450 g / 1 pund skinnfria kycklingbröstfiléer, i tärningar (2 cm / ¾ in)

2 14 oz / 400 g burkar tomater

½ lök finhackad

2 pressade vitlöksklyftor

½ tsk mald kanel

½ tsk mald koriander

¼ tsk hackade chiliflakes

75 g / 3 oz färdiga att äta torkade aprikoser, i fjärdedelar

75g / 3oz vinbär

½ tesked spiskummin, lätt krossade

salt och nymalen svartpeppar efter smak

100 g / 4 oz couscous, blötlagd, varm

Blanda alla ingredienser, utom salt, peppar och couscous, i långsamkokaren. Täck över och koka på hög värme i 3 till 4 timmar. Smaka av med salt och peppar. Servera över couscousen.

Marockansk kyckling och kikärter

Den här rätten är bra för att underhålla eftersom den serverar åtta och kan enkelt dubblas för en 8-liters/14-pints slow cooker.

Serverar 8

8 kycklingbröstfiléer utan skinn, ca 100 g vardera, halverade eller i fjärdedelar

400 g / 14 oz burk kikärter, avrunna och sköljda

120 ml kycklingbuljong

2 små hackade lökar

4 vitlöksklyftor, krossade

2 tsk mald ingefära

1 tsk mald gurkmeja

1 kanelstång

75g / 3oz russin

2-3 msk citronsaft

salt och nymalen svartpeppar efter smak

Kombinera alla ingredienser, utom russin, citronsaft, salt och peppar, i en 9½-pint/5,5-liters långkokare. Täck över och koka på hög i 4-5 timmar, tillsätt russinen under de sista 30 minuterna. Släng kanelstången. Smaka av med citronsaft, salt och peppar.

Mellanöstern stil kyckling

Kyckling och kikärter är varmt kryddade med spiskummin, kryddpeppar och kryddnejlika och tillagas med couscous och russin.

för 4 personer

450 g / 1 pund skinnfria kycklingbröstfiléer, tärningar (2,5 cm / 1 tum)

375 ml / 13 fl oz kycklingbuljong

400 g / 14 oz burk kikärter, avrunna och sköljda

400 g / 14 oz tomater, hackade

2 små hackade lökar

½ stor grön paprika, hackad

2 pressade vitlöksklyftor

1 lagerblad

1½ tesked torkad timjan

1 tsk malen spiskummin

¼ tesked mald kryddpeppar

175 g / 6 oz couscous

1½ oz / 40 g russin

salt och nymalen svartpeppar efter smak

Blanda alla ingredienser, utom couscous, russin, salt och peppar, i långsamkokaren. Täck över och låt koka högt i 4 till 5 timmar, tillsätt couscous och russin under de sista 5 till 10 minuterna. Kasta lagerbladet. Smaka av med salt och peppar.

Träkol Kyckling

Den apelsindoftande tomatsåsen, lätt kryddad med örter och vin, drar nytta av långsam tillagning för att smälta smakerna.

för 6

6 kycklingbröstfiléer utan skinn, ca 100 g vardera, i fjärdedelar

250 ml / 8 fl oz kycklingbuljong

120 ml / 4 fl oz torrt vitt vin

3 msk tomatpuré

175 g / 6 oz svamp, skivad

1 stor morot, skivad

1 liten lök hackad

3 vitlöksklyftor, krossade

2 msk apelsinskal

1 tsk torkad dragon

1 tsk torkad timjan

1½ oz / 40 g frysta ärtor, tinade

salt och nymalen svartpeppar efter smak

12 oz / 350 g linguine eller annan platt pasta, kokt, varm

Kombinera alla ingredienser, utom salt, peppar och pasta, i långsamkokaren. Täck över och koka på hög i 4 till 5 timmar. Smaka av med salt och peppar. Servera över pastan.

Kyckling med kronärtskockor

Servera röd paprikaris för att komplettera denna medelhavsinspirerade kycklingrätt.

för 4 personer

450 g / 1 pund skinnfria kycklingbröstfiléer, tärningar (2,5 cm / 1 tum)

400 g / 14 oz burk tärnade tomater

200 g / 7 oz konserverade kronärtskockshjärtan, avrunna, i fjärdedelar

1 hackad lök

1 stjälkselleri, tunt skivad

1 tsk torkad oregano

75 g / 3 oz urkärnade svarta oliver, halverade

salt och nymalen svartpeppar efter smak

Kombinera alla ingredienser, utom oliverna, salt och peppar, i långsamkokaren. Täck över och låt koka högt i 4-5 timmar, tillsätt oliverna under de sista 30 minuterna. Smaka av med salt och peppar.

Kyckling med kanel, citron och fetaost

Kanel, citron och fetaost ger denna tomatbaserade gryta Greklands signatursmaker.

för 4 personer

450 g / 1 pund skinnfria kycklingbröstfiléer, i tärningar (2 cm / ¾ in)

400 g / 14 oz konserverade tomater

120 ml kycklingbuljong

3 konserverade kronärtskockshjärtan, i fjärdedelar

1 finhackad lök

1 msk citronsaft

2 pressade vitlöksklyftor

1 kanelstång

1 lagerblad

1-2 msk torr sherry (valfritt)

salt och nymalen svartpeppar efter smak

8 oz / 225 g äggnudlar, kokta, varma

1 oz / 25g fetaost, smulad

Kombinera alla ingredienser, utom sherry, salt, peppar, nudlar och ost, i långsamkokaren. Täck över och koka på hög i 4 till 5 timmar. Släng kanelstången och lagerbladet. Smaka av med sherry, salt och peppar. Servera över nudlarna. Strö över fetaost.

Spanskt kycklingris

Saffran och sherry ger smak till denna enkla spanska rätt, kallad arroz con pollo.

för 6

450 g / 1 lb kycklingbröstfiléer utan skinn, tärningar (4 cm / 1½ in.)
750 ml / 1¼ pints kycklingbuljong
2 hackade lökar
½ hackad grön paprika
½ röd paprika hackad
2 pressade vitlöksklyftor
¼ tesked krossade saffranstrådar (valfritt)
8 oz / 225 g lättkokt långkornigt ris
1-2 msk torr sherry
100g / 4oz frysta ärtor, tinade
salt och cayennepeppar efter smak

Kombinera alla ingredienser, utom ris, sherry, ärtor, salt och cayennepeppar, i långsamkokaren. Täck över och låt sjuda i 5-6 timmar, tillsätt riset de sista 2 timmarna och sherryn och ärtorna de sista 20 minuterna. Smaka av med salt och cayennepeppar.

Medelhavskyckling med tomater

Balsamvinäger ger djup till denna kyckling- och olivgryta. Tjocka såsgrytan med majsmjöl om så önskas. Servera över couscous eller ris.

för 6

700 g kycklingbröstfiléer utan skinn, i tärningar (2,5 cm / 1 tum)
250 ml / 8 fl oz kycklingbuljong
120ml torrt vitt vin eller extra kycklingbuljong
50 ml / 2 fl oz balsamvinäger
8 oz / 225 g babysvamp, halverad
6 plommontomater, hackade
40 g / 1 ½ oz Kalamata eller svarta oliver, halverade
3 vitlöksklyftor, krossade
1 tsk torkad rosmarin
1 tsk torkad timjan
salt och nymalen svartpeppar efter smak

Blanda alla ingredienser, utom salt och peppar, i långsamkokaren. Täck över och koka på hög i 4 till 5 timmar. Smaka av med salt och peppar.

Medelhavskyckling med kronärtskockor

Servera denna maträtt med vin och örtsmak över röd paprikaris eller polenta.

för 4 personer

450 g / 1 lb kycklingbröstfiléer utan skinn, tärningar (4 cm / 1½ in.)

120 ml kycklingbuljong

120 ml / 4 fl oz torrt vitt vin

4 tomater, i fjärdedelar

75 g / 3 oz svamp, skivad

1 hackad lök

1 pressad vitlöksklyfta

1 tsk torkad timjan

1 tsk torkad rosmarin

1 tsk torkad dragon

3 konserverade kronärtskockshjärtan, avrunna, i fjärdedelar

1½ oz / 40 g Kalamata eller svarta oliver, skivade

salt och nymalen svartpeppar efter smak

1 oz / 25g fetaost, smulad

Blanda alla ingredienser, utom kronärtskockshjärtan, oliver, salt, peppar och fetaost, i långsamkokaren. Täck över och låt koka högt i 4-5 timmar, tillsätt kronärtskockshjärtan och oliver under den sista timmen. Smaka av med salt och peppar. Strö varje portion med fetaosten.

kyckling pepperonata

Burkar med örtiga tomater kommer väl till pass för snabba rätter som denna toskanska gryta. Servera över ris eller din favoritpasta.

för 4 personer

450 g / 1 pund skinnfria kycklingbröstfiléer, tärningar (2,5 cm / 1 tum)
400g / 14oz burk tärnade tomater med örter
2 skivade lökar
½ röd paprika, skivad
½ grön paprika, skivad
1 liten vitlöksklyfta, krossad
salt och nymalen svartpeppar efter smak
4 msk nyriven parmesanost

Kombinera alla ingredienser, utom salt, peppar och ost, i långsamkokaren. Täck över och koka på hög i 4 till 5 timmar. Smaka av med salt och peppar. Strö varje portion med parmesanost.

Kyckling och ravioli

Kidneybönor är ett ovanligt tillskott till kycklingen och raviolin i denna vitlöksgryta.

för 4 personer

1 lb / 450 g kycklingbröstfiléer utan skinn, i fjärdedelar på längden

2 14 oz / 400 g burkar kidneybönor, avrunna och sköljda

400 g / 14 oz burk tärnade tomater

120 ml kycklingbuljong

2 små hackade lökar

4 vitlöksklyftor, krossade

½ tsk torkad timjan

5 oz / 150 g färsk soltorkad tomatravioli, kokt, varm

salt och nymalen svartpeppar efter smak

Kombinera alla ingredienser, utom raviolin, salt och peppar, i långsamkokaren. Täck över och låt koka högt i 4-5 timmar, tillsätt raviolin under de sista 10 minuterna. Smaka av med salt och peppar.

Kyckling med grönsaker och pasta

Soltorkade tomater och svarta oliver ger en jordig kant till denna färgglada mix.

för 4 personer

450 g / 1 pund skinnfria kycklingbröstfiléer, tärningar (2,5 cm / 1 tum)

400g / 14oz burk tärnade tomater med örter

175 ml / 6 fl oz kycklingbuljong

1 stor morot, skivad

1 hackad lök

½ hackad grön paprika

2 pressade vitlöksklyftor

2 lagerblad

1 tsk torkad mejram

3 msk soltorkade tomater i tärningar (ej i olja)

1½ oz / 40 g Kalamata eller svarta oliver, urkärnade och halverade

2 zucchini eller gul sommarsquash, som en biff, i tärningar

175 g / 6 oz små broccolibuketter

100g / 4oz rigatoni, kokt, varm

salt och nymalen svartpeppar efter smak

Kombinera alla ingredienser, utom oliverna, zucchini eller squash, broccoli, rigatoni, salt och peppar, i långsamkokaren. Täck över och koka på högvarv i 4-5 timmar, tillsätt zucchini eller squash, broccoli och rigatoni under de sista 20 minuterna. Kasta lagerbladen. Smaka av med salt och peppar.

kyckling marinara

Kombinera den här rätten med en krispig sallad för en enkel italiensk måltid.

för 4 personer

450 g / 1 pund skinnfria kycklingbröstfiléer, i tärningar
400 g / 14 oz burk tärnade tomater
120 ml kycklingbuljong
3 hackade lökar
75 g / 3 oz svamp, i fjärdedelar
1 stjälk selleri finhackad
1 morot finhackad
2 pressade vitlöksklyftor
1 tsk torkad italiensk örtkrydda
1 zucchini hackad
salt och nymalen svartpeppar efter smak
225g / 8oz penne, kokt, varm

Kombinera alla ingredienser, utom zucchinin, salt, peppar och pasta, i långsamkokaren. Täck över och låt koka högt i 4-5 timmar, tillsätt zucchinin under de sista 20 minuterna. Smaka av med salt och peppar. Servera över pastan.

Kyckling, svamp och tomat med Polenta

Att laga polenta i mikron går snabbt och enkelt, men det går även att göra i slowcookern.

för 4 personer

450 g / 1 pund skinnfria kycklingbröstfiléer, tärningar (2,5 cm / 1 tum)

2 14 oz / 400 g burkar italienska plommontomater, grovt hackade, med juice

8 oz / 225 g beredd tomatsås

2 msk tomatpuré

225 g / 8 oz svamp, skivad

1 skivad morot

1 hackad lök

2 pressade vitlöksklyftor

1 tsk socker

1 tsk torkad basilika

1 tsk torkad timjan

salt och nymalen svartpeppar efter smak

Mikrovågspolenta (se nedan)

Kombinera alla ingredienser, utom salt, peppar och polenta i mikrovågsugnen, i långsamkokaren. Täck över och koka på hög i 4 till 5 timmar. Smaka av med salt och peppar. Servera över polentan i mikron.

mikrovågsugn polenta

Det är väldigt enkelt att göra polenta i mikron och väldigt användbart om du redan använder slow cookern.

för 4 personer

150 g / 5 oz polenta
½ tsk salt
750 ml / 1¼ pints vatten
250 ml / 8 fl oz lättmjölk
1 hackad lök

Kombinera alla ingredienser i en 4¼ pint / 2,5 liters glasgryta. Mikrovågsugn, utan lock, på hög i 8 till 9 minuter, vispa halvvägs genom tillagningstiden. Vispa tills slät. Täck över och koka på hög värme i 6 till 7 minuter. Ta bort från mikrovågsugnen, slå och låt stå, täckt, 3 till 4 minuter.

Kyckling Cacciatore

Med en rik smak av vitlök och oregano, gjordes denna italienska rätt traditionellt med vilt som hämtats från jakten.

för 4 personer

225 g kycklingbröstfilé utan skinn, i tärningar (2 cm / ¾ in)
8 oz / 225 g benfria kycklinglår, i tärningar (2 cm / ¾ in)
2 14 oz / 400 g burkar tärnade tomater
120 ml / 4 fl oz torrt rött vin eller vatten
225 g / 8 oz svamp, i fjärdedelar
2 hackade lökar
1 hackad grön paprika
6 vitlöksklyftor, krossade
2 tsk torkad oregano
½ tsk vitlökspulver
1 lagerblad
1-2 matskedar majsmjöl
2 till 4 matskedar vatten
salt och nymalen svartpeppar
8 oz / 225 g nudlar, kokta, varma

Kombinera alla ingredienser, utom majsmjöl, vatten, salt, peppar och nudlar, i långsamkokaren. Täck över och koka på låg i 6 till 8 timmar. Vrid värmen till hög och koka i 10 minuter. Tillsätt det kombinerade majsmjölet och vattnet, rör om i 2-3 minuter. Kasta lagerbladet. Smaka av med salt och peppar och servera över nudlarna.

Italienska bönor och grönsaker med Polenta

Denna blandning av färger kan även serveras över pasta eller ris. Fläskkorvar skulle också fungera bra i stället för kalkon.

för 6

10 oz / 275 g kalkonkorv, tarmen borttagen

olja, att smörja

400 g / 14 oz burk tärnade tomater

400g / 14oz burk kikärter, sköljda och avrunna

400g / 14oz burk röda kidneybönor, sköljda och avrunna

3 hackade lökar

6 oz / 175 g portabellasvamp, hackad

4 vitlöksklyftor, krossade

1½ tsk torkad italiensk örtkrydda

¼ tsk hackade chiliflakes

350 g / 12 oz skivade broccolibuktor och stjälkar

175 g zucchini, helst gul, eller squash, skivad

salt och nymalen svartpeppar

500 g / 18 oz pkg beredd italiensk örtpolenta, eller 300 g / 11 oz polenta, kokt, varm

Koka korven i medelsmord stekpanna tills den fått färg, flaga med en gaffel. Kombinera resterande ingredienser, förutom broccoli, zucchini eller squash, salt, peppar och polenta, i 9½ pint/5,5-liters långkokare. Täck över och koka på låg nivå i 6 till 8 timmar, tillsätt broccolin och zucchinin under de sista 30 minuterna. Smaka av med salt och peppar. Servera över polenta.

kyckling Alfredo

Parmesanost smälter till petits pois och sparrissås för att ge kycklingen krämighet.

för 4 personer

450 g / 1 pund skinnfria kycklingbröstfiléer, i tärningar (2 cm / ¾ in)

450 ml / ¾ pint kycklingbuljong

2 gräslök, skivad

1 pressad vitlöksklyfta

1 tsk torkad basilika

100 g / 4 oz sparris, skivad

1½ oz / 40 g frysta petits pois, tinade

2 matskedar majsmjöl

120 ml/4 fl oz lättmjölk

1½ oz / 40 g nyriven parmesanost

salt och nymalen svartpeppar efter smak

8 oz / 225 g fettuccine eller tagliatelle, kokt, varm

Kombinera kyckling, buljong, salladslök, vitlök och basilika i långsamkokaren. Täck över och låt koka högt i 4-5 timmar, tillsätt sparris och ärtorna under de sista 20 minuterna. Tillsätt det kombinerade majsmjölet och mjölken, rör om i 2-

3 minuter. Tillsätt osten, rör om tills den smält. Smaka av med salt och peppar. Servera över fettuccinen.

Aprikosglaserade poussins

Poussins, kokta tills de är mjuka och fuktiga, täcks av en örtinfunderad aprikosglasyr.

för 4 personer

2 poussiner, ca 550g / 1¼ lb vardera

paprika

salt och nymalen svartpeppar

75 ml / 2½ fluid ounces kycklingbuljong

aprikosglasyr

2 matskedar majsmjöl

50 ml / 2 fl oz vatten

Strö poussinerna med paprika, salt och peppar. Lägg i långsamkokaren och tillsätt buljongen. Täck över och koka på låg nivå tills benen rör sig fritt, 5½ till 6 timmar, borsta med Apricot Glaze två till tre gånger under tillagningen. Ta upp poussinerna på ett serveringsfat och täck löst med folie. Rör ner den återstående aprikosglasyren i långsamkokaren. Täck över och koka på hög värme i 10 minuter. Tillsätt det kombinerade majsmjölet och vattnet, rör om i 2-3 minuter. Häll såsen över poussinerna.

toskansk kyckling

Torkad porcini-svamp är en praktisk ingrediens att ha i skåpet för att ge en extra smakdimension till din italienska matlagning.

för 6

250 ml / 8 fl oz kokande kycklingbuljong
1 oz / 25 g torkad porcini-svamp
700 g kycklingbröstfiléer utan skinn, i tärningar (2,5 cm / 1 tum)
400g / 14oz burk tärnade tomater med örter
400 g / 14 oz burk cannellini, gröna bönor eller snapsbönor, avrunna och sköljda
120 ml / 4 fl oz torrt vitt vin eller kycklingbuljong
2 små hackade lökar
3 vitlöksklyftor, krossade
2 matskedar majsmjöl
50 ml / 2 fl oz vatten
salt och nymalen svartpeppar efter smak

Häll buljong över svamp i en liten skål. Låt stå tills svampen mjuknat, ca 10 minuter. Häll av svampen. Sila och behåll buljongen. Skär svampen i skivor. Kombinera svamp, reserverad buljong och resterande ingredienser, förutom majsstärkelse, vatten, salt och peppar, i långsam kokare. Täck över och koka på hög i 4 till 5 timmar. Tillsätt det kombinerade majsmjölet och vattnet, rör om i 2-3 minuter. Smaka av med salt och peppar.

aprikosglasyr

Denna kan användas för att glasera fågel- och söta bakverksdesserter och även för att fukta toppen av en julkaka innan den täcks med marsipan.

för 4 personer

200 g / 7 oz aprikoskonserver
2 msk apelsinjuice
fint skal av ½ apelsin
½ tsk torkad timjan
½ tesked torkad rosmarin

Blanda alla ingredienser.

hem kalkon

Mört tillagat kalkonbröst med rotfrukter, svamp och ärtor är en fantastisk familjemåltid.

för 4 personer

12-450 g / 1 pund kalkonbröst, i tärningar (2 cm / ¾ tum)
400 ml / 14 fl oz kycklingbuljong
1 stor morot, skivad
175 g potatis, oskalad och tärnad
2 hackade lökar
100 g / 4 oz svamp, halverad
1 tsk torkad timjan
1 tsk selleri frön
100g / 4oz frysta ärtor, tinade
salt och nymalen svartpeppar efter smak

Kombinera alla ingredienser, utom ärtorna, salt och peppar, i långsamkokaren. Täck över och koka på låg i 6 till 8 timmar, tillsätt ärtorna under de sista 20 minuterna. Smaka av med salt och peppar.

Korv med potatis och paprika

Vibrerande färgade paprika ger denna maträtt ett attraktivt utseende och massor av smak. Om du inte hittar rökt kalkonkorv så fungerar rökt fläsk lika bra.

för 4 personer

12 oz / 350 g rökt kalkonkorv, tunt skivad
175 ml / 6 fl oz kycklingbuljong
700 g / 1½ lb vaxartad potatis, skivad tunt
1 röd paprika, tunt skivad
1 grön paprika, tunt skivad
1 gul paprika, tunt skivad
2 lökar, tunt skivade
1 oz / 25 g soltorkade tomater (ej i olja), i fjärdedelar
1 tsk torkad timjan
1 tsk torkad mejram
1-2 matskedar majsmjöl
50 ml / 2 fl oz vatten
salt och nymalen svartpeppar efter smak

Kombinera alla ingredienser, utom majsmjöl, vatten, salt och peppar, i långsamkokaren. Täck över och koka på hög i 4 till 5 timmar. Tillsätt det kombinerade majsmjölet och vattnet, rör om i 2-3 minuter. Smaka av med salt och peppar.

Turkiet Ragu i vitt vin

Rosmarin, salvia och vitlök blandas med vitt vin och tomater för att göra en smakrik sås för kalkonbröst. Gott över ris eller polenta.

för 6

700 g kalkonbröst, i tärningar (2,5 cm / 1 tum)
400 g / 14 oz burk plommontomater, hackade, med juice
120 ml / 4 fl oz torrt vitt vin
225 g / 8 oz svamp, skivad
2 hackade lökar
1 skivad morot
1 stjälkselleri, skivad
2 stora vitlöksklyftor, krossade
½ tesked torkad rosmarin
½ tesked torkad salvia
1-2 matskedar majsmjöl
2 till 4 matskedar kallt vatten
salt och nymalen svartpeppar efter smak

Kombinera alla ingredienser, utom majsmjöl, vatten, salt och peppar, i långsamkokaren. Täck över och koka på låg i 6 till 8 timmar. Vrid värmen till hög och koka i 10 minuter. Tillsätt det kombinerade majsmjölet och vattnet, rör om i 2-3 minuter. Smaka av med salt och peppar.

Turkiet och vildris

Vildris, som faktiskt är ett gräs, har en mer märkbar smak än brunt ris och ger denna kalkon- och grönsaksgryta textur och smak.

för 4 personer

450 g / 1 pund kalkonbröst, i tärningar
450 ml / ¾ pint kycklingbuljong
1 hackad lök
1 tsk torkad salvia
2 skivade morötter
100 g / 4 oz vildris
250 g / 9 oz små broccolibuketter
salt och nymalen svartpeppar efter smak

Kombinera kalkon, buljong, lök, salvia och morötter i den långsamma kokaren. Täck över och koka på låg i 6 till 8 timmar, tillsätt riset de sista 2 timmarna och broccolin de sista 30 minuterna. Smaka av med salt och peppar.

Turkiet med aprikoser

Kummin och färsk koriander accentuerar aprikossmaken i denna doftande maträtt.

för 4 personer

450 g / 1 pund kalkonbröst, i tärningar (2,5 cm / 1 tum)
400 ml / 14 fl oz kycklingbuljong
2 hackade lökar
200 g / 7 oz tomater, hackade
2 pressade vitlöksklyftor
1 tsk malen spiskummin
½ tsk mald kryddpeppar
10 färdiga torkade aprikoser i fjärdedelar
2 matskedar majsmjöl
50 ml / 2 fl oz vatten
15 g / ½ oz färsk koriander, hackad
salt och nymalen svartpeppar efter smak
25 g / 1 oz ris, kokt, varmt

Kombinera alla ingredienser, utom majsmjöl, vatten, koriander, salt, peppar och ris, i långsamkokaren. Koka på låg i 5 till 6 timmar. Vrid värmen till hög och koka i 10 minuter. Tillsätt det kombinerade majsmjölet och vattnet, rör om i 2-3 minuter. Tillsätt koriandern. Smaka av med salt och peppar. Servera över ris.

Chile Sydamerikanska Turkiet

Denna gryta är väldigt kryddig! För mindre värme, utelämna jalapenopeppar.

för 6

700 g kalkonbröst, i tärningar (2,5 cm / 1 tum)
400g / 14oz burk röda kidneybönor i chilisås
400 g / 14 oz konserverade tomater
120 ml kycklingbuljong
½ hackad grön paprika
½ röd paprika hackad
2 små hackade lökar
1 liten jalapeño eller annan medelvarm chili, finhackad
2 pressade vitlöksklyftor
1 msk chilipulver
1 tsk malen spiskummin
salt och nymalen svartpeppar efter smak

Blanda alla ingredienser, utom salt och peppar, i långsamkokaren. Täck över och koka på hög värme i 3 till 4 timmar. Smaka av med salt och peppar.

kalkon köttfärslimpa

Denna köttfärslimpa kan också formas till en limpa i slow cookern. Se Enkel köttfärslimpa på sidan 217 för instruktioner.

Serverar 8

700 g / 1½ lbs hackat kalkonbröst
1 finhackad lök
½ röd eller grön paprika, finhackad
1 ägg
120 ml kycklingbuljong
1¼ oz / 30 g torrt brödsmulor
3 msk biffsås
1 tsk torkad timjan
1 tsk salt
½ tsk peppar
120 ml / 4 fl oz chilisås

Blanda alla ingredienser utom chilisåsen i en skål. Packa blandningen i en smord 23 x 13 cm / 9 x 5 brödform och toppa med chilisåsen. Sätt i en kötttermometer så spetsen är i mitten av köttfärslimpan. Placera burken på galler i 5,5-

liters/9½-pints slow cooker. Täck över och koka på låg tills termometern registrerar 76ºC, 6 till 7 timmar.

Italiensk köttbullegryta

Denna köttfärslimpa har en distinkt italiensk twist och kommer snart att bli en familjefavorit.

för 6

italienska kalkon köttbullar
250 ml / 8 fl oz nötköttsbuljong
2 14 oz / 400 g burkar tärnade tomater
3 morötter, tjockt skivade
100 g / 4 oz små svampar, halverade
1 tsk torkad italiensk örtkrydda
2 små zucchini, skivade
50g / 2oz frysta ärtor, tinade
2 matskedar majsmjöl
50 ml / 2 fl oz vatten
salt och nymalen svartpeppar efter smak
350 g / 12 oz nudlar eller fettuccine, kokta, varma

Kombinera italienska kalkonköttbullar, buljong, tomater, morötter, svamp och örter i en 9½-pint/5,5-liters långkokare, och se till att köttbullarna är nedsänkta. Täck över och koka på låg i 6 till 8 timmar, tillsätt zucchini och ärter under de sista 20 minuterna. Vrid värmen till hög och koka i 10 minuter. Tillsätt det kombinerade majsmjölet och vattnet, rör om i 2-3 minuter. Smaka av med salt och peppar. Servera över nudlarna.

Latinamerikanska Turkiet och squash

Njut av denna rejäla blandning av butternut squash, sötpotatis, potatis och svarta bönor med en klick chili. Servera över ris.

för 4 personer

450 g / 1 pund kalkonbröst, i tärningar (2 cm / ¾ tum)
400g / 14oz burk svarta bönor, avrunna och sköljda
400 ml / 14 fl oz kycklingbuljong
225g / 8oz tomatpuré
350 g / 12 oz pumpa, skalad och tärnad
175g / 6oz sötpotatis, skalad och tärnad
175 g potatis, skalad och tärnad
2 hackade lökar
1 jalapeño eller annan medium het chilipeppar, finhackad
1 tsk rostade spiskumminfrön
salt och nymalen svartpeppar efter smak
25 g / 1 oz cashewnötter, grovt hackade

Kombinera alla ingredienser, utom salt, peppar och cashewnötter, i långsamkokaren. Täck över och koka på låg i 6 till 8 timmar. Smaka av med salt och peppar. Strö varje portion med cashewnötter.

kalkon cacciatore

Bara några få ingredienser kan förvandla kalkonbröst till en smakrik måltid.

för 4 personer

450 g / 1 pund kalkonbröst, skivat (5 cm / 2 tum)
400 g / 14 oz konserverade tomater
75 ml / 2 ½ fl oz vatten
2 ½ oz / 65 g svamp, skivad
¾ tesked torkad oregano
2 små zucchini i tärningar
salt och nymalen svartpeppar efter smak
225 g / 8 oz pasta, kokt, varm

Kombinera alla ingredienser, utom zucchinin, salt, peppar och pasta, i långsamkokaren. Täck över och koka på hög temperatur i 4-5 timmar, tillsätt zucchinin under de sista 30 minuterna. Smaka av med salt och peppar. Servera över pastan.

Korv med het paprika

Mycket vitlök och chili gör detta till ett roligt sätt att tillaga korv och fungerar lika bra med en rökt eller vegetarisk fläskkorv om du föredrar det.

för 4 personer

12-450 g / 1 pund rökt kalkonkorv, skivad (2,5 cm / 1 tum)
400 g / 14 oz burk tärnade tomater
250 ml / 8 fl oz kycklingbuljong
2 små lökar, skurna i tunna klyftor
3 stora vitlöksklyftor, krossade
½ – 1 liten jalapeno eller annan medelvarm chili, tunt skivad
1½ tsk torkad italiensk örtkrydda
¼ tsk hackade chiliflakes
1 zucchini, halverad på längden och tjockt skivad
100g / 4oz rigatoni, kokt
salt och nymalen svartpeppar efter smak
1 oz / 25g nyriven parmesanost

Kombinera alla ingredienser, utom zucchini, pasta, salt, peppar och ost, i långsamkokaren. Täck över och låt koka högt i 4-5 timmar, tillsätt zucchini och pasta under de sista 20 minuterna. Smaka av med salt och peppar. Strö varje portion med parmesanost.

Kalkonkorv och fänkålsgryta

Använd din preferens för söt eller kryddig korv i denna skördegryta.

för 4 personer

10 oz / 275 g kalkonkorv, skivad
400 g / 14 oz burk tärnade tomater
250 ml / 8 fl oz kycklingbuljong
450g / 1 pund pumpa, skalad och tärnad
8 små brysselkål, halverade
1 lök, skuren i tunna klyftor
2 palsternacka, skivade
1 liten fänkålslök, skivad
en nypa krossade chiliflakes
1 tsk torkad italiensk örtkrydda
1-2 matskedar majsmjöl
2 till 4 matskedar vatten
salt och nymalen svartpeppar efter smak

Kombinera alla ingredienser, utom majsmjöl, vatten, salt och peppar, i långsamkokaren. Täck över och koka på låg i 5-6 timmar. Vrid värmen till hög och koka i 10 minuter. Tillsätt det kombinerade majsmjölet och vattnet, rör om i 2-3 minuter. Smaka av med salt och peppar.

Rökt kikärtsgryta

Rökt kalkonkorv ger så mycket smak till denna gryta. Bönorna och grönsakerna gör den extra näringsrik.

för 6

450 g / 1 lb rökt kalkonkorv, skivad
2 14 oz / 400 g burkar tärnade tomater
2 400 g / 14 oz burkar kikärter, avrunna och sköljda
2 hackade lökar
1 grön paprika
150 g franska bönor, skurna i korta bitar
2 pressade vitlöksklyftor
2 tsk torkad oregano
2 skivade zucchini
salt och nymalen svartpeppar efter smak

Kombinera alla ingredienser, utom zucchini, salt och peppar, i en 5,5-liters/9½ pint långkokare. Täck över och koka på hög temperatur i 4-5 timmar, tillsätt zucchinin under de sista 30 minuterna. Smaka av med salt och peppar.

Tonfisknuddelgryta

Här är tröstmat när den är som bäst, med soppa på burk för att göra en enkel och smakrik bas. Var noga med att inte överkoka nudlarna under beredningen.

för 6

11 oz / 300 g burk Cream of Mushroom Cream
175 ml/6 fl oz lättmjölk
120 ml majonnäs
100 g riven ost
½ stjälkselleri, hackad
½ liten grön paprika, hackad
1 liten lök finhackad
salt och nymalen svartpeppar
6 oz / 175 g medelstora äggnudlar, kokta al dente
2 200g / 7oz burkar tonfisk i vatten, avrunna
50g / 2oz frysta ärtor, tinade
1-2 msk smör eller margarin
15 g / ½ oz färskt ströbröd
1¼ oz / 30 g flingad mandel

Kombinera soppa, mjölk, majonnäs, ost, selleri, paprika och lök i långsam kokare. Smaka av med salt och peppar. Tillsätt nudlarna och tonfisken. Täck över och koka på låg i 4-5 timmar, tillsätt ärtorna under de sista 30 minuterna.

Smält smör eller margarin i en liten stekpanna på medelvärme. Blanda i ströbröd och mandel, koka tills de är gyllenbruna, ca 5 minuter. Strö över tonfiskblandningen.

Pocherad lax med citronsås och kapris

Långsam tillagning ger laxen extra fukt, men det är faktiskt en väldigt snabb måltid!

för 4 personer

120ml / 4 fl oz vatten
120 ml / 4 fl oz torrt vitt vin
1 gul lök, tunt skivad
1 lagerblad
½ tsk salt
4 laxfiléer, ca 100g / 4oz vardera
Citron- och kaprissås (se nedan)

Blanda alla ingredienser, utom laxen och citronkaprissåsen, i långsamkokaren. Täck över och koka på hög värme i 20 minuter. Tillsätt laxen. Täck och koka på hög tills laxen är mjuk och flagnar med en gaffel, ca 20 minuter. Servera med citronsås och kapris.

Citron och Kaprissås

Använd grönsaksbuljong om du vill göra en vegetarisk variant.

för 4 personer

2-3 msk smör eller margarin
3 matskedar mjöl
400 ml / 14 fl oz kycklingbuljong
2-3 tsk citronsaft
3 matskedar kapris
¼ tesked salt
en nypa vitpeppar

Smält smöret eller margarinet i en liten kastrull. Tillsätt mjölet och koka på medelvärme i 1 minut. Vispa i kycklingbuljong och citronsaft. Värm tills det kokar, vispa tills det tjocknat, ca 1 minut. Tillsätt kapris, salt och peppar.

Laxbröd med gurksås

Tillverkat på konserverad lax är detta bröd alltid en favorit och är en perfekt lätt lunch eller middag.

för 4 personer

200g / 7oz burk lax, avrunnen
50g / 2oz färskt fullkornsbrödsmulor
2 hackad gräslök
50 ml / 2 fl oz mjölk
1 ägg
2 msk citronsaft
2 msk kapris, sköljda och avrunna
1 msk torkad dill
½ tsk salt
¼ tesked peppar
Gurksås (se nedan)

Gör handtag av aluminium och lägg dem i långsamkokaren. Blanda alla ingredienser utom gurksåsen. Forma till en limpa i långsamkokaren. Täck över och koka på låg i 4 till 5 timmar. Ta bort limpan med hjälp av aluminiumfoliehandtagen. Skär och servera med gurksås.

gurksås

En sval och uppfriskande sås.

för 4 personer

120 ml / 4 fl oz vanlig yoghurt

50g / 2oz gurka, hackad

½ tesked dill

salt och vitpeppar efter smak

Blanda alla ingredienser.

hälleflundra på salladsblad

Prova detta attraktiva recept på hälleflundra tillagad i vitt vin. Det skulle också fungera bra med torsk- eller kummelfiléer.

för 4 personer

250 ml / 8 fl oz torrt vitt vin
8-12 stora salladsblad
4 hälleflundrafiléer, ca 100g / 4oz vardera
1 tsk blandade örter eller torkad dragon
salt och nymalen svartpeppar efter smak
1½ oz / 40 g spenat, skivad tunt

Häll vinet i långsamkokaren. Täck över och koka på hög värme i 20 minuter. Skär den stora mitten av salladsbladen, lämna bladen intakta. Sänk i kokande vatten tills bladen vissnar, cirka 30 sekunder. Dränera väl.

Strö fisken med örterna, salta och peppra och strö spenaten ovanpå. Slå in fisken i salladsbladen, använd 2 till 3 blad för varje. Placera, sy ihop med sidorna nedåt, i slow cooker. Täck över och koka på hög tills fisken är mjuk och flagnar med en gaffel, ca 1 timme.

Red snapper med karamelliserad vitlökssås

Vitlökssåsen är lika läcker med lax eller annan fastkött vit fisk, som hälleflundra, torsk eller kolja.

för 4 personer

1 röd snapsfilé, ca 550 g / 1¼ lb
salt och nymalen svartpeppar efter smak
50–120 ml / 2–4 fl oz grönsaksbuljong
Karamelliserad vitlökssås (se nedan)

Täck långsamkokaren med aluminiumfolie eller gör handtag av aluminiumfolie. Strö fisken lätt över salt och peppar. Lägg i långsamkokaren. Tillsätt buljongen. Täck över och koka på hög värme tills fisken är mjuk och flagnar med en gaffel, ca 30 minuter. Ta bort fisken med aluminiumfoliehandtagen. Servera med karamelliserad vitlökssås.

karamelliserad vitlökssås

Använd grönsaksbuljong för en vegetarisk variant.

för 4 personer

12 skalade vitlöksklyftor
1-2 matskedar olivolja
175 ml / 6 fl oz kycklingbuljong
2 matskedar torrt vitt vin (valfritt)
1 matsked mjöl
1 msk finhackad persilja
salt och vitpeppar efter smak

Koka vitlöken i olja i medelstor stekpanna, täckt, på medelvärme tills den är mjuk, cirka 10 minuter. Koka, utan lock, på låg värme tills vitlöksklyftorna är gyllenbruna, cirka 10 minuter, mosa sedan lite. Tillsätt den kombinerade buljongen, vinet och mjölet. Koka upp, rör om tills det tjocknat, ca 1 minut. Tillsätt persiljan. Smaka av med salt och peppar.

Tonfisk fylld Spaghetti Squash

Leta efter spaghetti squash på etniska marknader eller från ekologiska leverantörer på hösten. Här tillagas den med en fyllning av tonfisk och oliver för att sedan blandas med fyllningen innan servering. Du kan också tillaga den själv, sedan fluffa trådarna med en gaffel och blanda med smör och örter.

för 4 personer

400 g / 14 oz burk tärnade tomater

75 g / 3 oz svarta oliver, skivade

2 200g / 7oz burkar tonfisk i vatten, avrunna och flingade

1 tsk torkad oregano

salt och nymalen svartpeppar efter smak

1 liten till medelstor spaghetti squash, ca 2½ lbs / 1,25 kg, halverad på längden och kärnad

120ml / 4 fl oz vatten

1 oz / 25g nyriven parmesanost

Kombinera tomater och vätska, oliver, tonfisk, oregano, salt och peppar. Häll squashen i halvor och lägg i långsamkokaren. Tillsätt vattnet. Täck över och koka tills squashen är mjuk, 3 till 4 timmar på hög eller 6 till 8 timmar på låg. Fluffa squashtrådarna med en gaffel, kombinera dem med tonfiskblandningen. Strö över parmesanosten.

Skaldjur med örter och vin

Pilgrimsmusslor, räkor och torsk är en lockande kombination. Servera med generösa rutor av varmt rostat chilimajsbröd.

Serverar 8

2 14 oz / 400 g burkar tomater
250 ml / 8 fl oz vatten
120 ml / 4 fl oz torrt vitt vin
2 fint hackade lökar
4 vitlöksklyftor, krossade
1 tsk torkad basilika
1 tsk torkad oregano
½ tsk mald gurkmeja
2 lagerblad
450 g / 1 pund torsk eller andra vita fiskfiléer, såsom kolja eller vitling, skivade (2,5 cm / 1 tum)
225 g / 8 oz stora råa räkor, skalade och urvattnade, tinade om de är frysta
8 oz / 225 g pilgrimsmusslor, halverade om de är stora
salt och nymalen svartpeppar efter smak

Kombinera alla ingredienser, utom skaldjur, salt och peppar, i långsamkokaren. Täck över och koka på låg värme i 6 till 7 timmar. Öka värmen till hög och tillsätt skaldjur i ytterligare 10 till 15 minuter. Kasta lagerbladen. Smaka av med salt och peppar.

Marulk gryta smaksatt med fänkål

Apelsinskalet och fänkålsfröna kompletterar den vita fisken vackert.

Serverar 8

1 liter / 1¾ pints fiskfond
120 ml / 4 fl oz torrt vitt vin
5 tomater, skalade och hackade
1 stor morot, hackad
2 hackade lökar
3 vitlöksklyftor, krossade
1 msk finrivet apelsinskal
1 tsk fänkålsfrön, lätt krossade
2 lbs / 900 g fasta fiskfiléer, såsom marulk, torsk, röd snapper eller lax, skuren i bitar (4 cm / 1½ tum)
15 g / ½ oz hackad färsk persilja
salt och nymalen svartpeppar efter smak

Kombinera alla ingredienser, förutom fisken, persiljan, salt och peppar, i långsamkokaren. Täck över och koka på låg i 6 till 8 timmar, tillsätt fisken under de sista 15 minuterna. Tillsätt persiljan. Smaka av med salt och peppar.

Grön sås fisk

Du kan använda en annan variant av medium hot chili istället för jalapenopeppar.

Serverar 8

1 liter / 1¾ pints fiskfond
120 ml / 4 fl oz torrt vitt vin
5 tomater, skalade och hackade
1 stor morot, hackad
2 hackade lökar
3 vitlöksklyftor, krossade
1 liten jalapenopeppar, mycket fint hackad
1 grön paprika fint hackad
½ tsk spiskummin, krossade
½ tsk torkad oregano
2 lbs / 900 g fasta fiskfiléer, såsom marulk, torsk, röd snapper eller lax, skuren i bitar (4 cm / 1½ tum)
salt och nymalen svartpeppar efter smak
hackad färsk koriander, för att dekorera

Kombinera alla ingredienser, förutom fisken, salt och peppar, i långsamkokaren. Täck över och koka på låg i 6 till 8 timmar, tillsätt fisken under de sista 15 minuterna. Smaka av med salt och peppar. Strö generöst över varje portion med hackad koriander.

Kolja och soltorkade tomater

Tillsätt 1 matsked avrunnen kapris till denna rika tomatbaserade gryta, om så önskas, och servera över polenta, pasta eller ris.

för 4 personer

250 ml / 8 fl oz kycklingbuljong
8 oz / 225 g beredd tomatsås
400 g / 14 oz tomater, hackade
1 stor lök hackad
½ hackad grön paprika
1 hackad morot
3 msk soltorkade tomater i tärningar (ej i olja), i rumstemperatur
1 pressad vitlöksklyfta
1 tsk torkad mejram
½ tsk torkad oregano
1 pund / 450 g filé av kolja eller annan fastköttad vit fisk, skivad (2,5 cm / 1 tum)
salt och nymalen svartpeppar efter smak

Kombinera alla ingredienser, förutom fisken, salt och peppar, i långsamkokaren. Täck över och koka på låg i 6 till 8 timmar, tillsätt fisken under de sista 10 till 15 minuterna. Smaka av med salt och peppar.

Cioppino med pasta

Ersätt andra typer av färsk fisk med denna Kalifornien-favorit, baserat på tillgänglighet och pris.

för 6

120 ml / 4 fl oz fisk- eller kycklingbuljong
120 ml / 4 fl oz torrt vitt vin
600 g / 1 lb 6 oz hackade tomater
1 hackad grön paprika
2 hackade lökar
75 g / 3 oz svamp, skivad
4 vitlöksklyftor, krossade
1 msk tomatpuré
2 tsk torkad oregano
2 tsk torkad basilika
1 tsk mald gurkmeja
8 oz / 225 g pilgrimsmusslor, halverade om de är stora
8 oz / 225 g vitt krabbkött, i bitar
100 g / 4 oz vitling eller kolja filé, tärningar (2,5 cm / 1 tum)

12 musslor, skurade och avskäggade (kasta alla som förblir öppna när de slås)
salt och nymalen svartpeppar efter smak
350 g / 12 oz fettuccine, kokt, varm

Kombinera alla ingredienser, utom skaldjur, salt, peppar och fettuccine, i en 9½ pint/5,5-liters långkokare. Täck över och koka på låg i 6 till 8 timmar, tillsätt skaldjuren under de sista 15 minuterna. Kasta eventuella musslor som inte har öppnat sig. Smaka av med salt och peppar. Servera över fettuccinen.

Rökt kolja Kedgeree

Catherine Atkinson's Lightly Spiced Rice Dish är en idealisk middag, redo att ätas på ungefär en timme.

för 4 personer

lite mjukat smör, att smörja

8 fl oz / 250 ml varm (ej kokande) grönsaksbuljong

75 g / 3 oz lättkokt långkornigt ris

1 tsk currypulver

salt och nymalen svartpeppar

100g / 4oz rökt koljafilé, skinnet borttaget

1 tsk citronsaft

1 msk hackad färsk eller fryst gräslök, koriander eller persilja

1 hårdkokt ägg, i fjärdedelar (valfritt)

varma smörsmörjda toastfingrar, för servering

Smörj botten av keramikgrytan med smöret och häll sedan i buljongen. Tillsätt ris och curry, rör om väl och smaka av med lite salt och peppar. Täck med lock och vrid långsamkokaren till hög. Koka i 45 minuter. Skär under tiden fisken i små bitar. Strö i citronsaften och tillsätt sedan riset. Koka i ytterligare 15 till 20 minuter eller tills ris och fisk är kokta och det mesta av buljongen har absorberats. Tillsätt det mesta av de hackade örterna och häll upp i en varm serveringsform. Strö över resterande örter och toppa med äggkvarteren, om du använder. Servera med varma smörsmörgade toastfingrar.

Krabba och räkor sällsynt

Du kan använda färskt krabbkött, men jag tycker att krabbakött på burk är bekvämt och väldigt gott.

för 6

225g/8oz strimlad cheddarost

8 oz / 225 g mjuk ost, i rumstemperatur

250 ml öl

½ tsk torrt senapspulver

½ tsk Worcestershire- eller svampsås

100g / 4oz krabbkött, grovt hackat

cayennepeppar, efter smak

6 skivor rostat flerkornsbröd

12 tomatskivor

18-24 kokt sparris

18 stora kokta räkor

hackad färsk persilja, att dekorera

Kombinera ostar, öl, senap och Worcestershiresås i långsamkokaren. Täck över och koka på låg värme tills ostarna har smält, ca 2 timmar, rör om två gånger under tillagningen. Tillsätt krabbakött och smaka av med cayennepeppar. Lägg upp det rostade brödet på serveringsfat. Lägg 2 tomatskivor och 3-4 sparrisar på varje skiva och häll rarebitblandningen ovanpå. Toppa var och en med 3 räkor och strö över persilja.

Skaldjur med potatis och broccoli

Kolja, räkor och pilgrimsmusslor passar bra med potatis och broccoli i en välkryddad sås. Servera med ris med spenat.

för 6

450 ml / ¾ pint fisk- eller kycklingbuljong

500 g potatis, skalad och skuren i tärningar (2 cm / ¾ in)

4 hackade lökar

1 stor vitlöksklyfta, krossad

1-2 msk torr sherry (valfritt)

1 lagerblad

½ – ¾ tesked torkad timjan

½ – ¾ tesked torkad basilika

¼ tesked torrt senapspulver

350 g / 12 oz broccoli, i små buketter

175 ml/6 fl oz lättmjölk

1 msk majsmjöl

225 g kolja eller annan vit fiskfilé, tärnad (4 cm / 1½in)

225 g / 8 oz kokta medelstora räkor, skalade, tinade om de är frysta

8 oz / 225 g pilgrimsmusslor, halverade om de är stora

2-3 tsk citronsaft

salt och vitpeppar efter smak

Kombinera alla ingredienser, utom broccoli, mjölk, majsmjöl, skaldjur, citronsaft, salt och peppar, i en 9½-pint/5,5-liters långkokare. Täck över och låt koka högt i 4-6 timmar, tillsätt broccolin under de sista 20 minuterna. Tillsätt den kombinerade mjölken och majsmjölet, rör om i 2-3 minuter. Tillsätt kolja, räkor och pilgrimsmusslor. Täck över och koka i 5 till 10 minuter. Kasta lagerbladet. Smaka av med citronsaft, salt och peppar.

bayou snapper

Servera denna favorit i sydländsk stil med rostat chilimajsbröd. Vilken vit fiskfilé som helst kan ersätta röd snapper.

för 4 personer

400 g / 14 oz konserverade tomater

250 ml / 8 fl oz vatten

1 hackad lök

½ hackad grön paprika

1 hackad morot

2 pressade vitlöksklyftor

2-3 tsk Worcestershiresås

100g / 4oz okra, putsad och skuren i bitar

450 g / 1 pund röd snapperfiléer, skurna i bitar (2,5 cm / 1 tum)

salt och cayennepeppar efter smak

75–175 g / 3–6 oz kokt ris, varmt

tabascosås

Kombinera tomater, vatten, gröna, vitlök och Worcestershiresås i långsam kokare. Täck över och koka högst i 4 till 6 timmar, tillsätt okran under de sista 30 minuterna och fisken under de sista 10 till 15 minuterna. Smaka av med salt och cayennepeppar. Servera över ris med Tabascosås.

Snapper gryta

Denna amerikanska Gulf Coast-favorit har en robust sås med bara en antydan av cayennevärme. Rödpepparris är det perfekta tillbehöret.

för 6

400 g / 14 oz burk tärnade tomater

120 ml / 4 fl oz fisk- eller kycklingbuljong

2-3 msk tomatpuré

1 hackad lök

½ hackad grön paprika

4 gräslök, skivad

1 stjälkselleri, tunt skivad

4 vitlöksklyftor, krossade

¾ tesked torkad oregano

1 lagerblad

700 g / 1½ lb röd snapperfiléer, skurna i bitar (5 cm / 2 in)

salt och tabascosås efter smak

Röd paprikaris (se nedan)

Kombinera alla ingredienser, utom fisk, salt, tabascosås och rödpepparris, i långsamkokaren. Täck över och koka på hög i 4-5 timmar, tillsätt fisken under de sista 15 minuterna. Kasta lagerbladet. Smaka av med salt och tabascosås. Servera över röd paprikaris.

Ris med röd paprika

Du kan ersätta en färsk röd paprika, låt puttra i några minuter tills den är mjuk, mot paprikan från en burk.

för 6

350 g / 12 oz långkornigt ris
¼ tesked mald gurkmeja
½ tsk paprika
1 rostad röd paprika från burk, grovt hackad

Koka riset enligt anvisningarna på förpackningen, rör ner gurkmejan i kokvattnet. Tillsätt paprikan och den rostade röda paprikan till det kokta riset.

kreolfisk

Goda, starka smaker gör denna lättlagade rätt idealisk för en vardagsmat. Du kan också använda blandad fisk i tärningar för pajfyllningar för att göra en ännu snabbare variant.

för 4 personer

2 14 oz / 400 g burkar tärnade tomater
50 ml / 2 fl oz torrt vitt vin eller vatten
4 hackade lökar
1 hackad grön paprika
1 stor selleristjälk, hackad
½ tsk torkad timjan
¼ tsk hackade chiliflakes
2 pressade vitlöksklyftor
2 matskedar sojasås
1 matsked paprika
2 lagerblad
450 g / 1 pund torskfilé i tärningar
salt och nymalen svartpeppar efter smak
75 g / 3 oz ris, kokt, varmt

Kombinera alla ingredienser, utom torsk, salt, peppar och ris, i långsamkokaren. Täck över och koka högt i 4-5 timmar, tillsätt torsken under de sista 10-15 minuterna. Kasta lagerbladen. Smaka av med salt och peppar. Servera över ris.

kreolsk torsk

Prova det här receptet med någon annan fast vit fisk om du vill byta.

för 6

400 g / 14 oz burk tärnade tomater
120 ml / 4 fl oz fisk- eller kycklingbuljong
2-3 msk tomatpuré
1 hackad lök
½ hackad grön paprika
4 gräslök, skivad
1 stjälkselleri, tunt skivad
4 vitlöksklyftor, krossade
½ tsk torkad mejram
½ tsk timjan
½ tsk sellerifrön
½ tsk malen spiskummin
700 g / 1½ lb torskfiléer, skurna i bitar (5 cm / 2 in)
salt och tabascosås efter smak
75–175 g / 3–6 oz kokt ris, varmt

Kombinera alla ingredienser, förutom fisken, saltet, tabascosåsen och riset, i långsamkokaren. Täck över och koka på hög i 4-5 timmar, tillsätt fisken under de sista 15 minuterna. Smaka av med salt och tabascosås och servera över ris.

söt och sur karibisk lax

Sötsyrliga smaker passar särskilt bra till fet fisk som lax, tillagad här med ananas och bönor plus chilivärme.

för 4 personer

400g / 14oz burk svarta bönor, avrunna och sköljda
8 oz / 225 g burk ananasbitar i juice, odränerade
2 lökar, grovt hackade
½ röd paprika, skivad
½ grön paprika, skivad
4 vitlöksklyftor, krossade
2 cm / ¾ i bitar av färsk rot ingefära, fint riven
1 jalapeño eller annan medium het chilipeppar, finhackad
2-3 matskedar ljust farinsocker
2-3 matskedar cidervinäger
2-3 tsk currypulver
50 ml / 2 fl oz vatten
1½ msk majsmjöl
450 g laxfilé i tärningar (4 cm / 1½ tum)
salt och nymalen svartpeppar efter smak
100 g / 4 oz ris, kokt, varmt

Kombinera alla ingredienser, utom vattnet, majsstärkelse, lax, salt, peppar och ris, i långsamkokaren. Täck över och koka på hög i 4 till 5 timmar. Tillsätt det kombinerade vattnet och majsmjölet, rör om i 2-3 minuter. Tillsätt laxen. Koka i 10 till 15 minuter. Smaka av med salt och peppar. Servera över ris.

Kungsräkor med kronärtskockor och paprika

Kronärtskockor och paprika är ofta medelhavspartner. Konserverade kronärtskockshjärtan är ett bekvämt sätt att lägga till denna delikat smaksatta grönsak till ditt kök.

för 4 personer

400 g / 14 oz beredd tomatsås
400 g kronärtskockshjärtan, avrunna och i fjärdedelar
175 ml / 6 fl oz kyckling- eller grönsaksbuljong
2 lökar, tunt skivade
½ liten röd paprika, skivad
½ liten grön paprika, skivad
1 pressad vitlöksklyfta
350 g / 12 oz medelstora räkor kokta och skalade, tinade om de är frysta
1-2 msk torr sherry (valfritt)
salt och nymalen svartpeppar efter smak
225g / 8oz penne, kokt, varm

Kombinera alla ingredienser, utom räkor, sherry, salt, peppar och penne, i långsamkokaren. Täck över och koka på låg i 5-6 timmar, tillsätt räkorna under de sista 10 minuterna. Smaka av med sherry, salt och peppar. Servera över pennen.

Räkor och okragryta

Detta är också väldigt gott om du inte känner för att göra polentan om du inte känner för att servera den med kokt ris.

för 4 personer

400 g / 14 oz beredd tomatsås
8 oz / 225 g okra, putsad och skuren i bitar
175 ml / 6 fl oz kyckling- eller grönsaksbuljong
2 lökar, tunt skivade
1 pressad vitlöksklyfta
350 g / 12 oz medelstora räkor kokta och skalade, tinade om de är frysta
salt och nymalen svartpeppar efter smak
Polenta
hackad färsk persilja, att dekorera

Kombinera alla ingredienser, utom räkor, salt, peppar och polenta, i långsamkokaren. Täck över och koka på låg i 5-6 timmar, tillsätt räkorna under de sista 10 minuterna. Smaka av med salt och peppar. Servera över Polenta och strö över varje portion med persilja.

Kreolräkor med skinka

Remsor av krispig skinka och torr sherry, med en Tabascoshake, ger kompletterande smaker till denna räkorrätt.

för 6

100g/4oz mager skinka, skuren i tunna strimlor

1-2 matskedar olivolja

2 14 oz / 400 g burkar tärnade tomater

120ml / 4 fl oz vatten

2-3 msk tomatpuré

1 finhackad lök

1 stjälk selleri finhackad

½ röd eller grön paprika, finhackad

3 vitlöksklyftor, krossade

1½ lbs / 700 g stora råa räkor, skalade och urvattnade, tinade om de är frysta

2 till 4 matskedar torr sherry (valfritt)

¼ – ½ tsk Tabascosås

salt och nymalen svartpeppar efter smak

100 g / 4 oz ris, kokt, varmt

Koka skinka i olja i en liten stekpanna på medelhög värme tills den är gyllenbrun och knaprig, 3 till 4 minuter. Dra tillbaka och reservera. Kombinera tomater, vatten, grönsaker och vitlök i långsamkokaren. Täck över och koka på låg i 6 till 7 timmar, tillsätt den reserverade skinka, räkor, sherry och Tabasco-sås under de sista 10 minuterna. Smaka av med salt och peppar. Servera över ris.

Cajun räkor, sockermajs och bönor

Kidneybönor, sockermajs och mjölk gör detta till en rejäl rätt, garnerad med chili. Servera på skedbröd.

för 4 personer

400g / 14oz burk röda kidneybönor, avrunna och sköljda
400 g / 14 oz burk majs med grädde
8 fl oz / 250 ml fisk- eller kycklingbuljong
1 finhackad lök
1 jalapeño eller annan medium het chilipeppar, finhackad
2 pressade vitlöksklyftor
1 tsk torkad timjan
½ tsk torkad oregano
175 g / 6 oz broccoli, i små buketter
250 ml / 8 fl oz helmjölk
2 matskedar majsmjöl
350–450 g / 12 oz – 1 pund råa stora räkor, skalade och urvattnade, tinade om de är frysta
salt och tabascosås efter smak

Kombinera bönor, majs, buljong, lök, chili, vitlök och örter i den långsamma kokaren. Täck över och koka på låg i 6 till 7 timmar, tillsätt broccolin under de sista 20 minuterna. Tillsätt den kombinerade mjölken och majsmjölet, rör om i 2-3 minuter. Tillsätt räkorna. Koka i 5 till 10 minuter. Smaka av med salt och tabascosås.

Räkor och Korv Gumbo

Okran förtjockar gumbon och ger den en distinkt kreolsk smak.

för 4 personer

2 14 oz / 400 g burkar tomater
100g / 4oz rökt korv, tjock skiva
1 stor röd paprika, finhackad
1 pressad vitlöksklyfta
en nypa krossade chiliflakes
225g / 8oz okra, skuren och skivad
350 g / 12 oz medelstora räkor kokta och skalade, tinade om de är frysta
salt att smaka
75 g / 3 oz ris, kokt, varmt

Kombinera alla ingredienser, utom okra, räkor, salt och ris, i långsamkokaren. Täck över och koka på låg i 6-7 timmar, tillsätt okran de sista 30 minuterna och räkorna de sista 10 minuterna. Smaka av med salt. Servera över ris.

Pasta med färsk tomat och örtsås

Njut av den här rätten när lokala eller egenodlade tomater är på sin topp av mognad.

för 6

1 kg / 2¼ lb tomater, hackade
1 finhackad lök
120 ml / 4 fl oz torrt rött vin eller vatten
2 msk tomatpuré
6 stora vitlöksklyftor, krossade
1 sked socker
2 lagerblad
2 tsk torkad basilika
1 tsk torkad timjan
en nypa krossade chiliflakes
salt att smaka
350 g / 12 oz platt eller formad pasta, kokt, varm

Blanda alla ingredienser, utom salt och pasta, i långsamkokaren. Täck över och koka på låg värme i 6 till 7 timmar. Om du föredrar en tjockare konsistens, koka utan lock på High de sista 30 minuterna. Smaka av med salt och servera såsen över pastan.

Vinter grönsaksrisotto

Arborio-ris är ett kortkornigt ris som odlas i Arborio-regionen i Italien. Den passar särskilt bra för att göra risotto, eftersom den tillagas med en härlig krämighet.

för 4 personer

750ml / 1¼ pints grönsaksbuljong
1 liten lök hackad
3 vitlöksklyftor, krossade
3 oz / 75 g brun- eller knappsvamp, skivad
1 tsk torkad rosmarin
1 tsk torkad timjan
350 g / 12 oz arborio ris
100 g / 4 oz små brysselkål, halverad
175g / 6oz sötpotatis, skalad och tärnad
1 oz / 25g nyriven parmesanost
salt och nymalen svartpeppar efter smak

Koka upp buljongen i en liten kastrull. Häll i långsamkokaren. Tillsätt resten av ingredienserna, förutom parmesanosten, salt och peppar. Täck över och koka på hög tills riset är al dente och vätskan nästan absorberas, ca 1¼ timme (se noga så riset inte kokar för mycket). Tillsätt osten. Smaka av med salt och peppar.

Porcini Risotto

Torkad porcini-svamp är en mycket användbar resurs i mataffärens skåp. De håller i flera år, tar väldigt lite plats och återfår snabbt sin fulla smak när de blötläggs.

för 4 personer

¼ oz / 10 g torkad porcini eller andra torkade svampar

250ml / 8 fl oz kokande vatten

500 ml / 17 fl oz grönsaksbuljong

1 liten lök hackad

3 vitlöksklyftor, krossade

350 g / 12 oz arborio ris

½ tesked torkad salvia

½ tsk torkad timjan

100g / 4oz frysta petits pois, tinade

1 liten tomat, hackad

50g / 2oz nyriven parmesanost

salt och nymalen svartpeppar efter smak

Lägg svampen i en skål och häll på det kokande vattnet. Låt stå tills det mjuknat, ca 15 minuter. Häll av, spara vätskan. Koka upp buljongen i en liten kastrull. Häll i den långsamma kokaren och tillsätt 250 ml / 8 fl oz av det reserverade vattnet för att blötlägga svampen. Tillsätt resten av ingredienserna, förutom ärtorna, tomaten, parmesanosten samt salt och peppar. Täck över och koka på hög värme tills riset är al dente och vätskan nästan absorberas, ca 1¼ timme, tillsätt ärtorna och tomaten under de sista 15 minuterna (se noga så att riset inte kokar för mycket). Tillsätt osten. Smaka av med salt och peppar.

Broccoli och pinjenötsrisotto

Du kan rosta pinjenötterna i en torr panna och slänga dem tills de får lite färg, men håll ett öga på dem eftersom de lätt bränns.

för 4 personer

750ml / 1¼ pints grönsaksbuljong
1 liten lök hackad
3 vitlöksklyftor, krossade
350 g / 12 oz arborio ris
1 tsk torkad italiensk örtkrydda
175 g / 6 oz små broccolibuketter
1½ oz / 40 g russin
25g / 1oz rostade pinjenötter
50g / 2oz nyriven parmesanost
salt och nymalen svartpeppar efter smak

Koka upp buljongen i en liten kastrull. Häll i långsamkokaren. Tillsätt lök, vitlök, ris och örter. Täck över och koka över hög värme tills riset är al dente och vätskan nästan absorberas, ca 1¼ timme, tillsätt broccoli, russin och pinjenötter under de sista 20 minuterna (se noga så att riset inte kokar för mycket). . Tillsätt osten. Smaka av med salt och peppar.

Risi Bisi

Åsikterna går isär om Risi Bisi är en risotto eller en tjock soppa. Om du håller med om den senare definitionen, använd ytterligare 120–250 ml / 4–8 fl oz buljong för att ge blandningen en tjock soppakonsistens.

för 4 personer

750ml / 1¼ pints grönsaksbuljong
1 liten lök hackad
3 vitlöksklyftor, krossade
350 g / 12 oz arborio ris
2 tsk torkad basilika
8 oz / 225g frysta petits pois, tinade
50g / 2oz nyriven parmesanost
salt och nymalen svartpeppar efter smak

Koka upp buljongen i en liten kastrull. Häll i långsamkokaren. Tillsätt resterande ingredienser förutom snapsärtor, parmesanost, salt och peppar. Täck över och koka över hög värme tills riset är al dente och vätskan nästan absorberas, ca 1¼ timme, tillsätt ärtorna under de sista 15 minuterna (se noga så riset inte kokar för mycket). Tillsätt osten. Smaka av med salt och peppar.

sommar grönsaksrisotto

Om du har en grönsaksträdgård kommer detta recept att få ut det mesta av dina underbara sommarprodukter.

för 4 personer

750ml / 1¼ pints grönsaksbuljong
4 gräslök, skivad
3 vitlöksklyftor, krossade
200 g / 7 oz hackade plommontomater
1 tsk torkad rosmarin
1 tsk torkad timjan
350 g / 12 oz arborio ris
250 g zucchini i tärningar
250 g zucchini eller gul zucchini, i tärningar
1 oz / 25g nyriven parmesanost
salt och nymalen svartpeppar efter smak

Koka upp buljongen i en liten kastrull. Häll i långsamkokaren. Tillsätt resten av ingredienserna, förutom parmesanosten, salt och peppar. Täck över och koka på hög tills riset är al dente och vätskan nästan absorberas, ca 1¼ timme (se noga så riset inte kokar för mycket). Tillsätt osten. Smaka av med salt och peppar.

Äggkaka med svamp och basilika

Som en quiche utan skorpa, förbered denna smakrika paj att servera till en lätt lunch eller brunch.

för 4 personer

5 ägg

25 g / 1 oz vanligt mjöl

1/3 tsk bakpulver

¼ tesked salt

¼ tesked peppar

8 oz / 225 g strimlad Monterey Jack-ost eller mild cheddarost

225g / 8oz keso

75 g / 3 oz svamp, skivad

¾ tesked torkad basilika

olja, att smörja

Vispa äggen i en stor skål tills det skummar. Blanda samman det kombinerade mjölet, bakpulvret, saltet och peppar. Blanda resterande ingredienser och häll i den smorda långkokaren. Täck över och koka på låg tills den stelnat, cirka 4 timmar. Servera från slow cookeren eller ta bort slow cookeren, låt vila på galler i 5 minuter och vänd upp på en serveringsplatta.

Obs: Den här rätten kan också tillagas i en 1¾ pint / 1 liter sufflépanna eller gryta. Lägg på gallret i en 5,5-liters/9½-pint långkokare och koka tills den stelnat, cirka 4½ timme.

Grillad grönsaksbakning

Grillade frysta grönsaker - en blandning av grillad röd och gul paprika, zucchini och aubergine - är Catherine Atkinsons tips för detta recept.

för 4 personer

mjukat smör eller solrosolja, för smörjning
6 oz / 175 g frysta rostade grönsaker, tinade
1 ägg
1,5 ml dijonsenap
150 ml / ¼ pint mjölk
2 msk mald mandel
15 ml färskt vitt ströbröd
50g / 2oz riven Gruyère ost
salt och nymalen svartpeppar
25 g/1 oz flingad mandel
ciabatta eller focacciabröd, att servera

Placera ett uppvänt fat eller metalldegskärare på botten av den keramiska grytan. Häll i cirka 5 cm / 2 tum mycket varmt (inte kokande) vatten och sätt sedan på långsamkokaren. Smörj en 13 till 15 cm rund värmefast form med smör eller olja. Lägg grönsakerna på tallriken. Vispa ägg och senap och tillsätt sedan mjölk, mald mandel, ströbröd och ost. Krydda med salt och peppar och häll sedan försiktigt över grönsakerna. Låt blandningen vila i ungefär en minut, strö sedan den flingade mandeln ovanpå. Täck formen med matfilm eller lätt oljad aluminiumfolie och lägg ovanpå fatet eller degfräsen i grytan. Häll i tillräckligt med kokande vatten för att komma halvvägs upp på sidan av skålen.

Täck med lock och låt koka i 2 till 4 timmar eller tills grönsakerna är väldigt mjuka och blandningen är lätt hopsatt (kontrollera genom att trycka in en tunn kniv eller spett i mitten; det ska vara varmt och det ska finnas lite vätska). Servera varm med ciabatta eller focacciabröd.

lasagne i lager

Det är enkelt att göra lasagne med färdig sås och ugnsfärdiga lasagneplattor som inte behöver förgräddas. Denna lasagne är delikat i konsistensen och rik på smak.

för 6

700 g / 1½ lbs beredd tomatbasilikapastasås
8 ark lasagne utan föregående tillagning
550g / 1¼lb ricottaost
275 g / 10 oz strimlad mozzarellaost
1 ägg
1 tsk torkad basilika
1 oz / 25g nyriven parmesanost

Bred ut 3 oz / 75 g sås på botten av en 9 x 5 / 23 x 13 cm brödform. Toppa med en lasagneplatta och 3 oz / 75 g ricottaost och 1½ oz / 40 g mozzarellaost. Upprepa lager, avsluta med 75g / 3oz sås på toppen. Strö över parmesanosten. Placera burken på galler i 5,5-liters/9½-pints slow cooker. Täck över och koka på låg i 4 timmar. Ta ut formen och låt svalna på galler i 10 minuter. Lasagnen kan verka nedsänkt i mitten, men den blir mer enhetlig när den svalnar.

Pasta sallad med aubergine

Balsamvinäger och citronsaft ger en speciell touch till denna sommarpastarätt. Servera varm eller i rumstemperatur.

för 6

1 aubergine, ca 450g / 1lb
200g / 7oz tomater, grovt hackade
3 gräslök, skivad
2 msk balsamvinäger eller rödvinsvinäger
1 msk olivolja
1-2 tsk citronsaft
salt och nymalen svartpeppar
12 oz / 350 g fullkornsspaghetti, kokt, i rumstemperatur
50g / 2oz nyriven parmesanost

Pricka auberginen sex till åtta gånger med en gaffel och lägg den i långsamkokaren. Täck över och låt sjuda tills de är mjuka, cirka 4 timmar. Låt stå tills den är tillräckligt kall för att hantera. Skär auberginen på mitten. Skopa ur fruktköttet och skär i 2 cm / ¾ bitar. Blanda aubergine, tomater, lök, vinäger, olja och citronsaft. Smaka av med salt och peppar. Blanda med pasta och parmesanost.

Grönsakspasta med kryddor

Denna pasta har en underbar mexikansk smak.

Serverar 6 till 8

6 14 oz / 400 g burkar tärnade tomater
400g / 14oz burk röda kidneybönor, avrunna och sköljda
175 g / 6 oz tomatpuré
175 ml / 6 fl oz öl eller vatten
350g / 12oz Quorn eller sojafärs med köttsmak
2 hackade lökar
1 hackad grön paprika
2 pressade vitlöksklyftor
1 msk ljust farinsocker
1 msk kakaopulver
1-2 msk chilipulver
1-2 tsk mald spiskummin
1-2 tsk torkad oregano
¼ tesked mald kryddnejlika
175 g / 6 oz kokta armbågsmakaroner
salt och nymalen svartpeppar

Kombinera alla ingredienser, utom makaroner, salt och peppar, i en 5,5-liter/9½ pint långkokare. Täck över och koka på låg i 6 till 8 timmar, tillsätt makaronerna under de sista 30 minuterna. Smaka av med salt och peppar.

welsh rarebit

Denna syrliga ostblandning med smak av öl är också utsökt serverad över skivad skinka eller kycklingbröst och sparris på rostat bröd.

för 6

225g/8oz strimlad cheddarost
8 oz / 225 g mjuk ost, i rumstemperatur
250 ml öl
½ tsk torrt senapspulver
½ tsk vegetarisk worcestershiresås eller svampsås
cayennepeppar, efter smak
6 skivor rostat flerkornsbröd
12 tomatskivor
hackad paprika och gräslök, för att dekorera

Kombinera ostar, öl, senap och Worcestershiresås i långsamkokaren. Täck över och koka på låg värme tills ostarna har smält, ca 2 timmar, rör om två gånger under tillagningen. Smaka av med cayennepeppar. Lägg upp det rostade brödet på serveringsfat. Toppa med skivade tomater och häll rarebit-blandningen ovanpå. Strö över paprika och hackad gräslök.

Makaroner och tomatgryta

Alltid populär bland barn, denna krämiga makaronrätt är utsökt komfortmat.

för 6

8 oz / 225 g små kokta makaroner
1 lb / 450 g tärnade tomater, avrunna
1 hackad lök
450 ml / ¾ pint indunstad mjölk
1 msk majsmjöl
3 ägg, lätt vispade
50g / 2oz nyriven parmesanost
½ tsk mald kanel
½ tesked nyriven muskotnöt
½ tsk salt
paprika, att dekorera

Kombinera makaronerna, tomaterna och löken i den långsamma kokaren. Blanda resten av ingredienserna, förutom paprikan, och häll över makaronblandningen. Täck över och låt sjuda tills grädden är fast, ca 3 timmar. Strö över paprika.

Penne med fyra ostar

Mozzarella, cheddar, ädelost och parmesan gör detta till en smakrik kombination av ost och pasta.

Serverar 8

750 ml / 1¼ pints helmjölk

75 g / 3 oz vanligt mjöl

50g / 2oz riven mozzarella

50g/2oz strimlad cheddarost

100g / 4oz ädelost, smulad

50g / 2oz nyriven parmesanost

450g / 1lb penne, kokt al dente

Blanda mjölk och mjöl till en jämn smet i en stor skål. Tillsätt resterande ingredienser förutom 15 g/½ oz parmesanost och pasta. Tillsätt pastan och häll blandningen i långsamkokaren. Strö över resten av parmesanosten. Täck över och koka på låg värme i 3 timmar.

All Season Grönsaksgryta

Använd alla grönsaker som är i säsong för denna hälsosamma grönsaksblandning.

för 4 personer

375 ml / 13 fl oz grönsaksbuljong

2 medelstora tomater, hackade

8 oz / 225 g franska bönor, halverade

8 oz / 225g liten färskpotatis, halverad

2 små morötter, skivade

2 kålrot, skivade

4 gräslök, skivad

½ tsk torkad mejram

¼ tesked torkad timjan

4 vegetariska "bacon"-skivor, stekta tills de är knapriga och smulade

100g / 4oz frysta ärtor, tinade

6 kronärtskockshjärtan, i fjärdedelar

8 sparris skurna i korta bitar (5 cm / 2 tum)

2 matskedar majsmjöl

50 ml / 2 fl oz vatten

salt och nymalen svartpeppar efter smak

75 g / 3 oz ris, kokt, varmt

Kombinera alla ingredienser utom vegetabiliska rashers, snapsärtor, kronärtskockshjärtan, sparris, majsstärkelse, vatten, salt, peppar och ris i slowcooker. Täck över och koka på låg i 6 till 7 timmar, lägg till skivorna, ärtorna, kronärtskockshjärtan och sparrisen under de sista 30 minuterna. Tillsätt det kombinerade majsmjölet och vattnet, rör om i 2-3 minuter. Smaka av med salt och peppar. Servera över ris.

Chile med attityd

I denna vegetariska version av ett Cincinnati-recept smaksätts linschili med kryddor och kakao och serveras över spagetti.

för 6

450 ml / ¾ pint grönsaksbuljong

400 g / 14 oz burk tärnade tomater

75g / 3oz torkade röda linser

1 hackad lök

3 vitlöksklyftor, krossade

1 tsk olivolja

½ – 1 msk chilipulver

1 msk kakaopulver

½ tsk mald kanel

¼ tesked mald kryddpeppar

salt och nymalen svartpeppar efter smak

350g / 12oz linguine, kokt, varm

garnering: bönor, hackad lök och paprika, strimlad cheddarost

Kombinera alla ingredienser, utom salt, peppar och linguine, i långsamkokaren. Täck över och koka på låg i 6 till 8 timmar. Om du föredrar en tjockare konsistens, koka utan lock på High de sista 30 minuterna. Smaka av med salt och peppar. Servera över linguini med ett urval av garnering.

Blandade grönsaker med Cobbler Chili Topping

Det här är ett chilirecept, men det går att göra utan. Poblanopeppar är ganska milda, men detta recept innehåller även chilipulver, så var försiktig med hur mycket du tillsätter om du inte gillar det för varmt.

för 6

2 14 oz / 400 g burkar tärnade tomater
400g / 14oz burk svartögda ärtor, avrunna och sköljda
400g / 14oz burk röda kidneybönor, avrunna och sköljda
4 hackade lökar
250 g zucchini eller squash, skalad och tärnad
1-3 poblano eller mild chili, grovt hackad
1 röd paprika, grovt hackad
1 gul paprika, grovt hackad
3 vitlöksklyftor, krossade
1-3 msk chilipulver, eller efter smak
1½ – 2 tsk malen spiskummin
¾ tesked torkad oregano
¾ tesked torkad mejram
100g / 4oz okra, putsad och halverad
salt och nymalen svartpeppar efter smak
3 stora bullar, halverade

Chili pulver

50g/2oz strimlad cheddarost

Kombinera alla ingredienser, utom okra, salt, peppar, bullar, chilipulver och ost, i en 9½ pint/5,5-liters långkokare. Täck över och koka på låg i 6 till 8 timmar, tillsätt okran under de sista 30 minuterna. Smaka av med salt och peppar. Lägg bullarna med de skurna sidorna nedåt ovanpå blandningen. Strö över chilipulver och ost. Täck över och låt sjuda tills osten smält, ca 5 minuter.

Grönsaksgryta

Denna färgglada gryta serveras över hirs eller hälsosam couscous.

för 4 personer

450 ml / ¾ pint grönsaksbuljong
225 g / 8 oz svamp, skivad
225g / 8oz blomkål, i buketter
225 g potatis i tärningar
2 lökar, skurna i klyftor
2 tomater, skurna i klyftor
2 pressade vitlöksklyftor
1 tsk torkad timjan
1 lagerblad
2 små zucchini, skivade
salt och nymalen svartpeppar efter smak
175 g hirs eller couscous, kokt, varm

Kombinera alla ingredienser, utom zucchinin, salt, peppar och hirs eller couscous, i långsamkokaren. Täck över och koka på låg i 6 till 8 timmar, tillsätt zucchinin under de sista 30 minuterna. Släng lagerbladet, smaka av med salt och peppar och servera över hirs eller couscous i grunda skålar.

Vetebär med linser

Vetebär och linser kombineras med potatis och grönsaker för att göra en hälsosam och rejäl måltid.

Serverar 8

750ml / 1¼ pints grönsaksbuljong
100 g / 4 oz vetebär
75g / 3oz torkade bruna eller gröna linser
700 g / 1½ lb mjölig potatis, oskalad och tärnad
2 hackade lökar
1 skivad morot
1 stjälkselleri, skivad
4 vitlöksklyftor, krossade
1 tsk torkade blandade örter
salt och nymalen svartpeppar efter smak

Blanda alla ingredienser, utom salt och peppar, i långsamkokaren. Täck över och koka på låg i 6 till 8 timmar. Smaka av med salt och peppar.

Sötsyrlig pumpa med potatis

Cider och honung, plus äpple och sötpotatis, ger denna hemlagade grönsaksgryta dess uppfriskande sötsyrliga smak.

för 6

400 g / 14 oz burk tärnade tomater

250 ml cider

500 g / 18 oz pumpa, skalad och tärnad

500 g / 18 oz mjölig potatis

350 g / 12 oz sötpotatis, skalad och tärnad

2 syrliga gröna ätäpplen, oskalade och skivade

175 g / 6 oz sockermajs

150 g hackad schalottenlök

½ röd paprika hackad

2 pressade vitlöksklyftor

1½ msk honung

1½ msk cidervinäger

1 lagerblad

¼ tesked nyriven muskotnöt

2 matskedar majsmjöl

50 ml / 2 fl oz vatten

salt och nymalen svartpeppar efter smak

100 g / 4 oz basmatiris eller jasminris, kokt, varmt

Kombinera alla ingredienser, utom majsmjöl, vatten, salt, peppar och ris, i en 9½-pint/5,5-liters långkokare. Täck över och koka på låg i 6 till 8 timmar. Vrid värmen till hög och koka i 10 minuter. Tillsätt det kombinerade majsmjölet och vattnet, rör om i 2-3 minuter. Kasta lagerbladet. Smaka av med salt och peppar. Servera över ris.

Vilda svampar med Cannellini

Tre smakrika varianter av färska svampar gör detta till en underbart rik maträtt. De torkade svamparna, mjukade i varmt vatten, kan ersätta några av de färska svamparna för ännu mer rikedom.

för 6

3 14 oz / 400 g burkar cannellinibönor, avrunna och sköljda

250 ml / 8 fl oz grönsaksbuljong

120 ml / 4 fl oz torrt vitt vin eller grönsaksfond

8 oz / 225 g portabellasvamp, hackad

175 g / 6 oz shiitakesvamp, skivad

8 oz / 225 g brun- eller knappsvamp, skivad

100 g purjolök (endast vita delar), skivad

1 röd paprika hackad

1 hackad lök

3 stora vitlöksklyftor, krossade

½ tesked torkad rosmarin

½ tsk timjan

¼ tsk hackade chiliflakes

300 g / 11 oz mangold eller spenat, skivad

salt och nymalen svartpeppar efter smak

Polenta

Kombinera alla ingredienser utom mangold, salt, peppar och polenta i en 9½-pint/5,5-liters långkokare. Täck över och koka på låg i 6 till 7 timmar, tillsätt mangold under de sista 15 minuterna. Smaka av med salt och peppar. Servera över polenta.

Grönsaksgryta med Bulghar

Näringsrik bulghar hjälper till att tjockna denna lätt kryddiga blandning av svamp, rotfrukter och paprika. Servera med varmt parmesanbröd.

för 4 personer

400 g / 14 oz burk tärnade tomater

250 ml / 8 fl oz kryddig tomatjuice

2 stora morötter, tjockt skivade

8 oz / 225g brun mösssvamp, halverad

175 g / 6 oz mjölig potatis, oskalad och hackad

2 hackade lökar

1 röd paprika, tjockt skivad

1 grön paprika, tjockt skivad

2-3 vitlöksklyftor, krossade

50g/2oz bulghar

1 tsk torkad timjan

1 tsk torkad oregano

2 zucchini i tärningar

1 pumpa empanada eller gul zucchini, i tärningar

salt och nymalen svartpeppar efter smak

Kombinera alla ingredienser, utom zucchini, squash, salt och peppar, i långsamkokaren. Täck över och låt koka högt i 4-5 timmar, tillsätt zucchini och squash under de sista 30 minuterna. Smaka av med salt och peppar.

Vitlökslinser med grönsaker

Denna linsgryta är smaksatt med chilipeppar, ingefära och mycket vitlök. Den är väldigt kryddig, men du kan anpassa kryddningen efter eget tycke. Kom dock ihåg att smakerna kommer att mjukna när grytan tillagas.

Serverar 8

450 ml / ¾ pint grönsaksbuljong
8 små potatisar i tärningar
6 lökar, skivade
600 g / 1 lb 6 oz tomater, hackade
225 g / 8 oz morötter, hackade
225 g / 8 oz franska bönor
75g / 3oz torkade bruna eller gröna linser
1 till 4 små jalapenos eller andra medelvarma chili, krossade till en pasta, eller 1 till 2 teskedar cayennepeppar
2,5 cm / 1 i stycke färsk rot ingefära, fint riven
1 kanelstång
10 vitlöksklyftor
6 hela tänder
6 kardemummaskidor, krossade
1 tsk mald gurkmeja

½ tesked krossad torkad mynta
8 oz / 225 g frysta ärtor, tinade
salt att smaka
100 g / 4 oz couscous blötlagd, varm
naturell yoghurt, att dekorera

Kombinera alla ingredienser utom ärtor, salt och couscous i en 9½-pint/5,5-liters långkokare. Täck över och koka på låg i 6 till 8 timmar, tillsätt ärtorna under de sista 15 minuterna. Smaka av med salt. Servera över couscousen och dekorera med skedar yoghurt.

Linser med kryddad couscous

Jordbruna linser tillagas perfekt i slow cookern.

för 6

400 g / 14 oz burk tärnade tomater
750ml / 1¼ pints grönsaksbuljong
350 g / 12 oz torkade bruna linser
2 hackade lökar
1 hackad röd eller grön paprika
1 stor selleristjälk, hackad
1 stor morot, hackad
1 pressad vitlöksklyfta
1 tsk torkad oregano
½ tsk mald gurkmeja
salt och nymalen svartpeppar efter smak
Kryddad couscous (se nedan)

Kombinera alla ingredienser, utom salt, peppar och couscous, i en 9½-pint/5,5-liters långkokare. Täck över och koka på låg i 6 till 8 timmar. Smaka av med salt och peppar. Servera över kryddad couscous.

kryddad couscous

Couscous är också ett bra komplement till en buffé eller picknickbord.

för 6

2 gräslök, skivad
1 pressad vitlöksklyfta
¼ tsk hackade chiliflakes
½ tsk mald gurkmeja
1 tsk olivolja
300 ml / ½ pint grönsaksbuljong
175 g / 6 oz couscous

Fräs salladslök, vitlök, chiliflakes och gurkmeja i oljan i en medelstor stekpanna tills löken är mjuk, cirka 3 minuter. Tillsätt buljongen. Värm tills det kokar. Tillsätt couscousen. Ta av från värmen och låt stå övertäckt i 5 minuter eller tills buljongen absorberats.

Svarta bönor och grönsaker gryta

Mosade gröna bönor ger den perfekta förtjockningen för denna maträtt.

för 6

375 ml / 13 fl oz grönsaksbuljong

400g / 14oz burk svarta bönor, sköljda och avrunna

400g / 14oz burk gröna bönor, mosade

400 g / 14 oz tomater, hackade

4½ oz / 130 g svamp, skivad

1 skivad zucchini

1 skivad morot

1 hackad lök

3 vitlöksklyftor, krossade

2 lagerblad

¾ tesked torkad timjan

¾ tesked torkad oregano

100g / 4oz frysta ärtor, tinade

salt och nymalen svartpeppar efter smak

10 oz / 275 g nudlar, kokta, varma

Kombinera alla ingredienser, utom ärtorna, salt, peppar och nudlar, i långsamkokaren. Täck över och låt koka högt i 4-5 timmar, tillsätt ärtorna under de sista 15 minuterna. Kasta lagerbladen. Smaka av med salt och peppar. Servera över nudlarna.

Bönor och squashgryta

Denna maträtt med smörbönor och kidneybönor med brynt squash är långsamt tillagad till välsmakande godhet. Servera med kärnmjölksbröd.

för 6

2 14 oz / 400 g burkar tärnade tomater
400g / 14oz burk röda kidneybönor, avrunna och sköljda
400 g / 14 oz burk smörbönor, avrunna och sköljda
12 oz / 350 g zucchini eller squash, skalad och tärnad
3 hackade lökar
1½ grön paprika, hackad
2 vitloksklyftor, gärna rostade, krossade
½ – ¾ tesked torkad italiensk örtkrydda
salt och nymalen svartpeppar efter smak

Blanda alla ingredienser, utom salt och peppar, i långsamkokaren. Täck över och koka på hög i 4 till 5 timmar. Smaka av med salt och peppar.

Rejäla bönor och korn med spenat

Varmt knaprigt bröd skulle vara det perfekta tillbehöret till denna rejäla maträtt med kikärter och bönor.

för 6

2,25 liter / 4 pints grönsaksfond
75g / 3oz torkade kikärter, avrunna och sköljda
75g / 3oz bönor, avrunna och sköljda
1 tunt skivad morot
50g / 2oz pärlkorn
175 g potatis i tärningar
1 zucchini i tärningar
1 skivad lök
2 pressade vitlöksklyftor
25g / 1oz kokta makaroner, kokta
150 g / 5 oz spenat, skivad
2-4 matskedar citronsaft
salt och nymalen svartpeppar efter smak

Kombinera alla ingredienser, utom makaroner, spenat, citronsaft, salt och peppar, i en 9½ pint/5,5-liters långkokare. Täck över och låt sjuda tills bönorna är mjuka, 6 till 8 timmar, tillsätt makaronerna och spenaten under de sista 20 minuterna. Smaka av med citronsaft, salt och peppar.

Sötböngryta

Cider, sötpotatis och russin ger denna pintobönarätt en sötma som passar bra med paprika och kryddor. Servera med en brödsked.

Serverar 8

3 14 oz / 400 g burkar pintobönor, avrunna och sköljda
2 14 oz / 400 g burkar Tomater med chili, tärnade, med juice
175 ml cider
2 röda eller gröna paprikor, hackade
3 hackade lökar
250g / 9oz sötpotatis, skalad och tärnad
175 g / 6 oz zucchini
2 pressade vitlöksklyftor
2 tsk chilipulver
1 tsk spiskummin, lätt krossade
½ tsk mald kanel
75g / 3oz russin
salt och nymalen svartpeppar efter smak

Kombinera alla ingredienser, utom russin, salt och peppar, i en 9½-pint/5,5-liters långkokare. Täck över och koka på låg i 6 till 8 timmar, tillsätt russinen under de sista 30 minuterna. Smaka av med salt och peppar.

Gryta med svarta bönor och spenat

Mängden chili och färsk ingefära i denna överdådigt kryddade rätt kan minskas om mindre kryddighet önskas.

Serverar 8

3 14 oz / 400 g burkar svarta bönor, avrunna och sköljda
400 g / 14 oz burk tärnade tomater
2 hackade lökar
1 röd paprika skuren i tärningar
1 zucchini i tärningar
1-2 jalapeños eller andra medelvarma chili, finhackad
2 pressade vitlöksklyftor
2,5 cm / 1 i stycke färsk rot ingefära, fint riven
1-3 tsk chilipulver
1 tsk malen spiskummin
½ tsk cayennepeppar
225 g / 8 oz spenat, skivad
salt att smaka
100 g / 4 oz ris, kokt, varmt

Kombinera alla ingredienser, utom spenat, salt och ris, i långsamkokaren. Täck över och koka på låg i 6 till 7 timmar, tillsätt spenaten under de sista 15 minuterna. Smaka av med salt. Servera över ris.

Söta, kryddiga och kryddiga grönsaker och bönor

Söta kryddor och eldig chili kombineras vackert i denna fyllningsgryta.

för 6

2 14 oz / 400 g burkar tärnade tomater

400g / 14oz burk svarta bönor, avrunna och sköljda

400 g / 14 oz burk pintobönor, avrunna och sköljda

375 ml / 13 fl oz grönsaksbuljong

6 skivade morötter

6 vaxartade potatisar, oskalade och tärnade

3 hackade lökar

1-3 tsk serrano eller annan het chili finhackad

2 pressade vitlöksklyftor

1½ tsk torkad oregano

¾ tesked mald kanel

½ tsk mald kryddnejlika

1 lagerblad

1 msk rödvinsvinäger

salt och nymalen svartpeppar efter smak

Kombinera alla ingredienser, utom salt och peppar, i en 5,5-liters/9½-pints slow cooker. Täck över och koka på låg i 6 till 8 timmar. Kasta lagerbladet. Smaka av med salt och peppar.

Vinterbönor med rötter

Svarta bönor och smörbönor tillagas här med rotfrukter för att göra en mättande rätt att servera med nyttigt vitlöksbröd.

för 6

400g / 14oz burk svarta bönor, avrunna och sköljda
400 g / 14 oz burk smörbönor, avrunna och sköljda
375 ml / 13 fl oz grönsaksbuljong
2 hackade lökar
175 g / 6 oz mjölad potatis, skalad och tärnad
175g / 6oz sötpotatis, skalad och tärnad
1 stor tomat, skuren i klyftor
1 skivad morot
65 g / 2½ oz palsternacka, skivad
½ hackad grön paprika
2 pressade vitlöksklyftor
¾ tesked torkad salvia
2 matskedar majsmjöl
50 ml / 2 fl oz vatten
salt och nymalen svartpeppar efter smak

Kombinera alla ingredienser, utom majsmjöl, vatten, salt och peppar, i långsamkokaren. Täck över och koka på låg värme i 6 till 7 timmar. Tillsätt det kombinerade majsmjölet och vattnet, rör om i 2-3 minuter. Smaka av med salt och peppar.

Kryddad tofu med grönsaker

Kummin och timjan smaksätter denna blandning av tofu, potatis, morötter och spenat. Tempeh fungerar också bra i denna kombination och är liksom tofu ett hälsosamt proteinalternativ.

för 4 personer

1 liter / 1¾ pints Rik svampbuljong eller grönsaksbuljong
275 g / 10 oz fast tofu, i tärningar (1 cm / ½ tum)
350g / 12oz vaxartad potatis, skalad och skivad
2 stora morötter, skivade
1 skivad lök
1 stjälkselleri, skivad
3 vitlöksklyftor, krossade
1 lagerblad
1 tsk malen spiskummin
½ tsk torkad timjan
10 oz / 275 g fryst hackad spenat, tinad
15 g / ½ oz färsk persilja, finhackad
salt och nymalen svartpeppar efter smak

Blanda alla ingredienser, utom spenat, persilja, salt och peppar, i långsamkokaren. Täck över och koka på låg i 6 till 7 timmar, tillsätt spenaten under de sista 20 minuterna. Kasta lagerbladet. Smaka av med salt och peppar.

Aubergine, paprika och okragryta

Prova detta kryddiga urval av grönsaker med rostat chilimajsbröd.

för 4 personer

400 g / 14 oz burk tärnade tomater

250 ml / 8 fl oz grönsaksbuljong

1 stor morot, tjockt skivad

1 zucchini, tjockt skivad

1 liten aubergine, skalad och tärnad (2,5 cm / 1 tum)

¾ grön paprika, grovt hackad

¾ röd paprika, grovt hackad

2 gräslök, skivad

4 vitlöksklyftor, krossade

225g / 8oz vårlök eller schalottenlök

100g / 4oz okra, skuren och skivad

2-3 tsk fullkornssenap

Tabascosås, salt och nymalen svartpeppar efter smak

Kombinera alla ingredienser, utom salladslök, okra, senap, tabascosås, salt och peppar, i långsam kokare. Täck över och koka på låg i 6 till 8 timmar, tillsätt salladslöken eller schalottenlök under den sista timmen och okran under de sista 30 minuterna. Smaka av med senap, tabascosås, salt och peppar.

Italiensk grönsakstortellini med ost

Färsk tortellini tar bara några minuter att laga och smakar bra med paprika, svamp och basilika i en tomatsås.

för 4 personer

400 g / 14 oz konserverade tomater

400 ml / 14 fl oz grönsaksbuljong

75 g / 3 oz svamp, skivad

1 grön paprika skuren i skivor

1 finhackad lök

¼ tesked kryddpeppar

1 tsk torkad basilika

4 små zucchini i tärningar

salt och nymalen svartpeppar efter smak

250 g / 9 oz färskosttortellini, kokt, varm

Kombinera alla ingredienser, utom zucchinin, salt, peppar och tortellini, i långsamkokaren. Täck över och koka på hög temperatur i 4-5 timmar, tillsätt zucchinin under de sista 30 minuterna. Smaka av med salt och peppar. Servera över tortellini i grunda skålar.

Colombianska kikärter

Sockermajs, ärtor och rotfrukter bidrar till ett mix av smaker, som accentueras av färsk koriander.

Serverar 8

2 14 oz / 400 g burkar tärnade tomater
400 g / 14 oz burk kikärter, avrunna och sköljda
375 ml / 13 fl oz grönsaksbuljong
120 ml / 4 fl oz torrt vitt vin eller grönsaksfond
4 potatisar, skalade och tärnade
4 morötter, tjockt skivade
4 stjälkar selleri, tjockt skivade
2 hackade lökar
100 g / 4 oz sockermajs, tinad om den är fryst
4 vitlöksklyftor, krossade
2 lagerblad
1 tsk torkad spiskummin
¾ tesked torkad oregano
1½ msk vitvinsvinäger
100g / 4oz frysta ärtor, tinade
1 oz / 25 g färsk koriander, hackad
salt och nymalen svartpeppar efter smak

Kombinera alla ingredienser, utom snapsärtor, koriander, salt och peppar, i en 9½ pint/5,5-liters långkokare. Täck över och låt koka högt i 4-5 timmar, tillsätt ärtorna under de sista 15 minuterna. Tillsätt koriandern. Kasta lagerbladen. Smaka av med salt och peppar.

Argentinska grönsaker

Denna vegetariska version av en traditionell maträtt har mycket sötsyrlig smak och en utsökt fruktighet från de färska persikorna.

för 12 personer

2 14 oz / 400 g burkar tärnade tomater

450 ml / ¾ pint grönsaksbuljong

120 ml torrt vitt vin (valfritt)

500 g / 18 oz potatis, skalad och tärnad

500 g / 18 oz sötpotatis eller pumpa, skalad och tärnad

4 rödlökar, grovt hackade

1 stor grön paprika, hackad

5 pressade vitlöksklyftor

2 msk farinsocker

2 matskedar vitvinsvinäger

2 lagerblad

1 tsk torkad oregano

6 majsax, vardera skuren i 4 cm / 1½ bitar

1 pund / 450 g zucchini, tjockt skivad

6 små persikor, skalade och halverade

salt och nymalen svartpeppar efter smak

Kombinera alla ingredienser, utom majs, zucchini, persikor, salt och peppar, i en 9½-pint/5,5-liters långkokare. Täck över och koka på låg i 6 till 8 timmar, tillsätt majs, zucchini och persikor under de sista 20 minuterna. Kasta lagerbladen. Smaka av med salt och peppar.

Bön- och makarongryta

Denna traditionella maträtt är en korsning mellan en soppa och en gryta - den är tjock, rik och smakrik.

för 6

400 g / 14 oz burk cannellinibönor, avrunna och sköljda
400 g / 14 oz burk italienska plommontomater, hackade
450 ml / ¾ pint grönsaksbuljong
1 stor morot, skivad
1 stor selleristjälk, skivad
2 hackade lökar
1 pressad vitlöksklyfta
½ tsk torkad oregano
½ tesked torkad basilika
75g / 3oz kokta makaroner, kokta
salt och nymalen svartpeppar efter smak
nyriven parmesanost

Kombinera alla ingredienser, utom makaronerna, salt, peppar och ost, i långsamkokaren. Täck över och låt koka högt i 4-5 timmar, tillsätt makaronerna under de sista 15 minuterna.

Smaka av med salt och peppar. Passera över parmesanosten att strö över.

Kikärter med rostad paprika och krämig polenta

Använd en förberedd tomatsås och rostad röd paprika från en burk för att ge en snabb smak till kikärtorna. Slow Cooker Polenta kan också användas i detta recept.

för 4 personer

400 g / 14 oz burk kikärter, avrunna och sköljda
400 g / 14 oz beredd tomatsås
400 g / 14 oz konserverade tomater
200 g / 7 oz rostad röd paprika från en burk, avrunnen och hackad
1 hackad lök
1 pressad vitlöksklyfta
1 tsk torkad italiensk örtkrydda
1 zucchini i tärningar
salt och nymalen svartpeppar efter smak
1 oz / 25g nyriven parmesanost
mikrovågsugn polenta

Kombinera alla ingredienser, utom zucchinin, salt, peppar, ost och polentan i mikrovågsugnen, i långsamkokaren. Täck över och koka på hög temperatur i 2-3 timmar, tillsätt zucchinin under de sista 30 minuterna. Smaka av med salt och peppar. Tillsätt parmesanosten i mikrovågsugnen polentan. Servera grytan över mikrovågsugn polenta.

Ratatouille med feta aioli

Grekisk fetaost ger en välkommen touch till denna medelhavsgryta.

för 4 personer

2 14 oz / 400 g burkar tärnade tomater
1 aubergine i tärningar
2 fint hackade lökar
1 gul paprika, skivad
3 vitlöksklyftor, krossade
2 tsk torkad italiensk örtkrydda
2 små zucchini, halverade och tunt skivade
salt och nymalen svartpeppar efter smak
Feta Alioli (se nedan)

Kombinera alla ingredienser, utom zucchinin, salt, peppar och feta alioli, i långsamkokaren. Täck över och koka på hög temperatur i 4-5 timmar, tillsätt zucchinin under de sista 30 minuterna. Smaka av med salt och peppar. Servera med feta alioli.

Fetaost Aioli

Fetaost ger en utsökt salt syra till denna aioli.

för 4 personer

1 oz / 25g fetaost, smulad
50 ml majonnäs
2-3 vitlöksklyftor, krossade

Bearbeta alla ingredienser i en matberedare eller mixer tills de är slät.

Curry okra och sockermajs med couscous

Servera dessa kryddiga grönsaker med ett urval av sidor för att ge accenter av smak.

för 4 personer

250 ml / 8 fl oz grönsaksbuljong

8 oz / 225g okra, toppar trimmade

100 g / 4 oz sockermajs, tinad om den är fryst

75 g / 3 oz svamp, skivad

2 hackade lökar

2 skivade morötter

2 hackade tomater

1 pressad vitlöksklyfta

1½ tesked currypulver

100g / 4oz couscous

salt och nymalen svartpeppar efter smak

tillbehör: naturell yoghurt, russin, hackad gurka, jordnötter och hackad tomat

Blanda alla ingredienser, utom couscous, salt och peppar, i långsamkokaren. Täck över och koka på hög i 4 till 5 timmar. Tillsätt couscousen och stäng av värmen. Täck över och låt stå i 5 till 10 minuter. Smaka av med salt och peppar. Servera med tillbehören.

grönsakstajine

I det marockanska köket tillagas taginer traditionellt i lergrytor, även kallade tagines, med couscousen ånga över grytan. Slow cooker-versionen behåller all smak av grönsakerna. Koka couscousen separat och håll varm till servering.

för 6

2 14 oz / 400 g burkar tärnade tomater

400 g / 14 oz burk kikärter, avrunna och sköljda

120 ml / 4 fl oz grönsaksbuljong eller apelsinjuice

200 g franska bönor, skurna i korta bitar

175 g / 6 oz butternut squash eller ekollon squash, hackad

150g / 5oz kålrot eller kålrot, hackad

175 g / 6 oz urkärnade katrinplommon, hackade

1 hackad lök

1 skivad morot

1 stjälkselleri, skivad

1–2 cm / ½ – ¾ i bitar färsk rot ingefära, fint riven

1 pressad vitlöksklyfta

1 kanelstång

2 tsk paprika

2 tsk malen spiskummin

2 tsk mald koriander

1½ oz / 40 g urkärnade små svarta oliver

salt och nymalen svartpeppar efter smak

8 oz / 225 g couscous, kokt, varm

Kombinera alla ingredienser, utom svarta oliver, salt, peppar och couscous, i en 5,5-liters/9½-pints slow cooker. Täck över och låt koka högt i 4-5 timmar, tillsätt oliverna under de sista 30 minuterna. Smaka av med salt och peppar. Servera över couscousen.

spansk tofu

En utsökt rätt som samlar Medelhavets färger och smaker. Det skulle också fungera bra med Quorn.

för 4 personer

400 g / 14 oz burk tärnade tomater
175 ml / 6 fl oz grönsaksbuljong
275 g / 10 oz fast tofu, i tärningar (2,5 cm / 1 tum)
2 hackade lökar
1 zucchini, tärnad
100g / 4oz svamp
1 stor morot, skivad
1 pressad vitlöksklyfta
1 remsa apelsinskal
½ tsk torkad timjan
½ tsk torkad oregano
2 matskedar majsmjöl
50 ml / 2 fl oz vatten
salt och nymalen svartpeppar efter smak
75g / 3oz couscous eller ris, kokt, varmt

Kombinera alla ingredienser, utom majsmjöl, vatten, salt, peppar och couscous eller ris, i långsamkokaren. Täck över och koka på låg värme i 6 till 7 timmar. Tillsätt det kombinerade majsmjölet och vattnet, rör om i 2-3 minuter. Smaka av med salt och peppar. Servera över couscous eller ris.

Grönsaksmix med couscous

Denna marockanska favorit är sprängfylld med kryddiga smaker och grönsaker.

för 12 personer

3 14 oz / 400 g burkar kikärter, avrunna och sköljda
450–750 ml / ¾ – 1¼ pints grönsaksfond
1 liten kål, skuren i 12 klyftor
1 stor aubergine i tärningar
225 g / 8 oz morötter, skivade
225 g / 8 oz liten potatis, tärnad
225 g / 8 oz rovor, i tärningar
225 g / 8 oz franska bönor, skurna i korta bitar
8 oz / 225 g butternut squash eller squash, skalad och tärnad
4 tomater, i fjärdedelar
3 hackade lökar
3 vitlöksklyftor, krossade
2 tsk mald kanel
1 tsk paprika
½ tesked mald ingefära
½ tsk mald gurkmeja

10 oz / 275 g konserverade kronärtskockshjärtan, avrunna, i
fjärdedelar
75g / 3oz russin
25 g / 1 oz hackad persilja
salt och cayennepeppar efter smak
450 g / 1 pund couscous, kokt, varm

Kombinera bönor, buljong, färska grönsaker, vitlök och kryddor i en 9½ pint / 5,5-liters långkokare. Täck över och koka på låg värme i 5-7 timmar, tillsätt kronärtskockshjärtan, russin och persilja under de sista 30 minuterna. Smaka av med salt och cayennepeppar. Servera över couscousen.

Afrikansk sötpotatisgryta

En kryddig vitlökspasta kryddar denna kikärts-, sötpotatis- och okragryta.

för 6

2 400 g / 14 oz burkar kikärter, avrunna och sköljda
2 14 oz / 400 g burkar tärnade tomater
375 ml / 13 fl oz grönsaksbuljong
700 g / 1½ lb sötpotatis, skalad och tärnad
2 lökar, tunt skivade
Vitlökskryddpasta (se nedan)
175g / 6oz okra, putsad och skuren i korta bitar
salt och nymalen svartpeppar efter smak
Tabascosås, efter smak
175 g / 6 oz couscous, kokt, varm

Kombinera alla ingredienser, utom okra, salt, peppar, tabascosås och couscous, i en 9½ pint/5,5-liters långkokare.

Täck över och låt koka högt i 4-5 timmar, tillsätt okran under de sista 45 minuterna. Smaka av med salt, peppar och tabascosås. Servera över couscousen.

vitlökskryddpasta

En användbar pasta för att smaksätta grytor, speciellt vegetariska.

för 6

6 vitlöksklyftor

2 x 5 mm / ¼ skivad färsk rot ingefära

2 tsk paprika

2 tsk spiskummin

½ tsk mald kanel

1-2 matskedar olivolja

Bearbeta alla ingredienser i en matberedare eller mixer tills de är slät. Eller krossa vitlöken och finriv ingefäran och mosa den sedan med de andra ingredienserna för att göra en pasta.

vegetabilisk stroganoff

En värmande rätt för kalla vinternätter. Ersätt kålrot, palsternacka eller kålrot mot en av potatisen, om så önskas.

för 6

375 ml / 13 fl oz grönsaksbuljong

225 g / 8 oz svamp, halverad

3 lökar, tunna skivor

2 mjöliga potatisar, skalade och tärnade

2 sötpotatisar, skalade och tärnade

1 msk torr pulveriserad senap

1 sked socker

100g / 4oz frysta ärtor, tinade

250 ml / 8 fl oz gräddfil

2 matskedar majsmjöl

salt och nymalen svartpeppar efter smak

275 g / 10 oz nudlar, kokta, varma

Kombinera alla ingredienser, utom ärtor, gräddfil, majsmjöl, salt, peppar och nudlar, i en 9½ pint/5,5-liters långkokare. Täck över och koka på låg i 6 till 8 timmar, tillsätt ärtorna under de sista 30 minuterna. Tillsätt den kombinerade gräddfilen och majsmjölet, rör om i 2 till 3 minuter. Smaka av med salt och peppar. Servera över nudlarna.

Kålragout med äkta potatismos

Uttalade aromatiska accenter av färsk fänkål, färsk ingefära och äpple gör denna kål- och auberginegryta särskilt välsmakande.

för 6

550 g aubergine, i tärningar (2,5 cm / 1 tum)

450 ml / ¾ pint grönsaksbuljong

900g / 2lb kål, tunt skivad

2 hackade lökar

½ fänkålslök eller 1 stjälkselleri, tunt skivad

3 stora vitlöksklyftor, krossade

2,5 cm / 1 i stycke färsk rot ingefära, fint riven

1 tsk fänkålsfrön, krossade

2 ätande äpplen, skalade och grovt hackade

250 ml / 8 fl oz gräddfil

2 matskedar majsmjöl

salt och nymalen svartpeppar efter smak
kunglig potatismos

Kombinera ingredienserna, förutom äpplen, gräddfil, majsmjöl, salt, peppar och Royal Moshed Potatis i en 9½-pint / 5,5-liters långkokare. Täck över och koka på låg i 6 till 8 timmar, tillsätt äpplena under de sista 20 minuterna. Vrid värmen till hög och koka i 10 minuter. Tillsätt den kombinerade gräddfilen och majsmjölet, rör om i 2 till 3 minuter. Smaka av med salt och peppar. Servera över äkta potatismos i grunda skålar.

Pumpa och potatisgulasch

Denna gulasch skulle också vara jättegod med spenatris istället för nudlarna.

för 6

14 oz / 400 g konserverade tomater, hackade

250 ml / 8 fl oz grönsaksbuljong

120 ml / 4 fl oz torrt vitt vin eller extra grönsaksfond

500 g / 18 oz pumpa, skalad och tärnad

500g / 18oz mjölig potatis, skalad och tärnad

1½ röd paprika, tärnad

1½ grön paprika, tärnad

2 lökar, grovt hackade

1 pressad vitlöksklyfta

1-2 tsk kumminfrön, lätt krossade

3 matskedar paprika

250 ml / 8 fl oz gräddfil

2 matskedar majsmjöl

salt och nymalen svartpeppar efter smak

275 g / 10 oz breda nudlar, kokta, varma

Kombinera alla ingredienser, utom paprika, gräddfil, majsmjöl, salt, peppar och nudlar, i en 9½-pint/5,5-liters långkokare. Täck över och koka på låg i 6 till 8 timmar. Tillsätt paprika och kombinerad gräddfil och majsmjöl, rör om i 2 till 3 minuter. Smaka av med salt och peppar. Servera över nudlarna.

Havregrynsgröt med Maple V

Låt frukosten lagas medan du sover - det här är den bästa frukosten någonsin!

För 4 till 6 portioner

100g / 4oz pinhead havre

1 liter / 1¾ pints vatten

175 g / 6 oz lönnsirap,

3 oz / 75 g torkad frukt, hackad

20 g / ¾ oz smör eller margarin

½ tsk salt

Kombinera alla ingredienser i långsamkokaren. Täck över och koka på låg i 6 till 8 timmar.

Flerkorns frukostflingor

En frukostflingor fylld med kraftfulla ingredienser för att göra dig redo för dagen som kommer.

För 4 till 6 portioner

50g / 2oz havre med nålhuvud
25 g / 1 oz havre
25g / 1oz vetebär
1 liter / 1¾ pints vatten
175 g / 6 oz lönnsirap,
3 oz / 75 g torkad frukt, hackad
20 g / ¾ oz smör eller margarin
½ tsk salt
40 g hirs eller quinoa

Blanda alla ingredienser, utom hirs eller quinoa, i långsamkokaren. Täck över och koka på låg i 6 till 8 timmar. Rosta hirsen eller quinoan i en liten stekpanna på medelvärme och rör ner i den långsamma kokaren. Täck över och koka på låg i 1 timme till.

tjock äppelmos

Utmärkt serverad varm eller kall, som tillbehör till kött, vilt eller fet fisk, eller som topping till puddingkakor.

för 6

1,5 kg / 3 lb äta äpplen, skalade och grovt hackade

150 ml / ¼ pint vatten

100 g / 4 oz strösocker

mald kanel

Blanda alla ingredienser, utom kanelen, i långsamkokaren. Täck över och koka på hög tills äpplena är mycket mjuka och bildar en sås när du rör om, 2 till 2 1/2 timme. Strö över kanel och servera.

Kronärtskockor med mock hollandaisesås

Mock hollandaisesås är också bra serverad över sparris, broccoli eller blomkål.

för 4 personer

4 små hela kronärtskockor, stjälkarna borttagna
1 citron skuren i fjärdedelar
175 ml / 6 fl oz vatten
Falsk hollandaisesås (se nedan)

Skär 1 tum av toppen av kronärtskockorna och kassera. Pressa en citronklyfta över varje kronärtskocka och lägg dem i långsamkokaren. Tillsätt 2,5 cm / 1 vatten i långsamkokaren. Täck och koka på hög tills kronärtskockorna är mjuka (löven på botten flagnar lätt av), 3½ till 4 timmar. Ta bort kronärtskockorna och täck med aluminiumfolie för att hålla dem varma. Häll bort vattnet i långsamkokaren. Förbered den mock hollandaisesåsen och servera den med kronärtskockorna för doppning.

Simulerad Hollandaisesås

Detta kan även göras på bänkskivan. Koka ingredienserna i en liten stekpanna på medelhög värme, rör om tills de är slät.

för 4 personer

175 g / 6 oz mjuk ost, i rumstemperatur
75 ml / 2½ fl oz gräddfil
3-4 matskedar lättmjölk
1-2 tsk citronsaft
½ – 1 tsk dijonsenap
en nypa mald gurkmeja (valfritt)

Lägg alla ingredienser i långsamkokaren. Täck och koka på hög tills osten smält och blandningen är varm, cirka 10 minuter, rör om en eller två gånger för att blanda.

Italiensk sparris och vita bönor

Ett rejält tillbehör att servera till grillat eller stekt kött.

Serverar 8

400 g / 14 oz burk cannellinibönor, avrunna och sköljda

175 ml / 6 fl oz grönsaksbuljong

14 oz / 400 g plommontomater, hackade

1 stor morot, hackad

1 tsk torkad rosmarin

450 g / 1 lb sparris, skivad (5 cm / 2 tum)

salt och nymalen svartpeppar

225 g / 8 oz linguine eller tunn spagetti, kokt, varm

25–50 g / 1–2 oz nyriven parmesanost

Kombinera bönorna, buljongen, tomaterna, moroten och rosmarinen i den långsamma kokaren. Täck över och koka på hög värme tills morötterna är mjuka, ca 3 timmar, tillsätt sparrisen under de sista 30 minuterna. Smaka av med salt och peppar. Blanda med linguinen och osten.

Franska bönor i grekisk stil

Färska bönor tillagas med tomater, örter och vitlök.

Serverar 8 till 10

450 g / 1 pund franska bönor

2 14 oz / 400 g burkar tärnade tomater

1 hackad lök

4 vitlöksklyftor, krossade

¾ tesked torkad oregano

¾ tesked torkad basilika

salt och nymalen svartpeppar

Blanda alla ingredienser, utom salt och peppar, i långsamkokaren. Täck över och koka på hög tills bönorna är precis mjuka, ca 4 timmar. Smaka av med salt och peppar.

Orientaliska franska bönor

En fantastisk rätt att servera till kött eller fågel.

för 4 personer

275 g / 10 oz franska bönor, halverade

½ hackad lök

¼ hackad röd paprika

2 cm / ¾ i bitar av färsk rot ingefära, fint riven

2 pressade vitlöksklyftor

120ml / 4 fl oz vatten

5 oz / 150 g konserverade svarta eller adukibönor, avrunna

50g / 2oz skivade vattenkastanjer

1 msk risvinsvinäger

1-2 tsk tamari

salt och nymalen svartpeppar

Kombinera bönorna, löken, paprikan, ingefäran, vitlöken och vattnet i långsamkokaren. Täck över och koka på hög tills de franska bönorna är precis mjuka, ca 1 1/2 timme. Tömma. Tillsätt resten av ingredienserna, förutom salt och peppar. Täck över och koka på hög värme i 30 minuter. Smaka av med salt och peppar.

Fransk böngryta

Färska ingredienser gör denna gamla favorit möjlig i en hälsosammare form.

för 6

11 oz / 300 g burk Cream of Mushroom Cream
120 ml gräddfil
50 ml / 2 fl oz lättmjölk
10 oz / 275 g frysta skivade franska bönor, tinade
salt och nymalen svartpeppar
½ kopp konserverad stekt lök

Kombinera soppan, gräddfil och mjölk i långsamkokaren. Tillsätt de franska bönorna. Täck över och koka på låg i 4 till 6 timmar. Smaka av med salt och peppar. Tillsätt löken precis innan servering.

Supreme gröna bönor

En lyxig variant på det tidigare receptet.

för 6

3 oz / 75g brun mösssvamp, skivad
1 msk smör eller olivolja
2 gräslök, tunt skivad
11 oz / 300 g burk Cream of Mushroom Cream
120 ml gräddfil
50 ml / 2 fl oz lättmjölk
10 oz / 275 g frysta skivade franska bönor, tinade
salt och nymalen svartpeppar
4 skivor knaperstekt kokt bacon, smulad

Fräs svampen i smör eller olivolja tills de är mjuka. Kombinera svamp, lök, soppa, gräddfil och mjölk i långsamkokaren. Tillsätt de franska bönorna. Täck över och koka på låg i 4 till 6 timmar. Smaka av med salt och peppar. Tillsätt bacon precis innan servering.

Santa Fe bakade bönor

Dessa bakade bönor är syrliga, söta och kryddiga. Ändra mängden chili för din önskade värmenivå!

Serverar 8

2 hackade lökar

½ poblano eller annan mild chili eller liten grön paprika, hackad

½ – 1 serrano- eller jalapeñopeppar, finhackad

2 14 oz / 400 g burkar pintobönor, avrunna och sköljda

100 g / 4 oz sockermajs, tinad om den är fryst

6 soltorkade tomater (ej i olja), mjukade och skivade

2-3 matskedar honung

½ tsk malen spiskummin

½ tsk torkad timjan

3 lagerblad

salt och nymalen svartpeppar efter smak

50g / 2oz fetaost, smulad

15 g / ½ oz färsk koriander, finhackad

Kombinera alla ingredienser, utom salt, peppar, ost och koriander, i långsamkokaren. Smaka av med salt och peppar. Täck över och koka på låg i 5 till 6 timmar, strö över ost och färsk koriander under de sista 30 minuterna.

Toskansk bönbaka

Cannellinibönor är citrondoftande och kryddade med soltorkade tomater, vitlök och örter i denna enkla bakning.

för 6

3 14 oz / 400 g burkar cannellinibönor
250 ml / 8 fl oz grönsaksbuljong
1 hackad lök
½ röd paprika hackad
2 pressade vitlöksklyftor
1 tsk torkad salvia
1 tsk torkad rosmarin
2-3 tsk citronskal
6 soltorkade tomater (ej i olja), mjukade och skivade
salt och nymalen svartpeppar efter smak

Blanda alla ingredienser, utom salt och peppar, i långsamkokaren. Täck och koka på låg tills bönorna är tjocka, 5 till 6 timmar. Krydda med salt och peppar.

Brazilian Black Bean Bake

Brasiliens festliga smaker möts i denna oemotståndliga maträtt.

för 12 personer

4 hackade lökar

1 till 2 matskedar finhackad jalapeno eller annan medium het chili

2,5–5 cm / 1–2 i bitar färsk rot ingefära, finriven

4 14 oz / 400 g burkar svarta bönor, avrunna och sköljda

2 14 oz / 400 g burkar tärnade tomater

175 g / 6 oz honung

100g / 4oz ljust farinsocker

¾ tesked torkad timjan

¾ tesked mald spiskummin

salt och nymalen svartpeppar efter smak

½ mango, skivad

½ banan, skivad

Kombinera alla ingredienser, utom salt, peppar, mango och banan, i långsamkokaren. Smaka av med salt och peppar. Täck och koka på låg tills bönorna är tjocka, 5 till 6 timmar. Toppa med mangon och groblad innan servering.

Ginger bakade bönor

Långsam bakning ger godhet till denna speciella sötkryddade bön- och ingefärsrätt.

För 2 till 4 portioner

3 hackade lökar
5-7,5 cm / 2-3 i färsk ingefära, finhackad
3-4 vitlöksklyftor, krossade
4 14 oz / 400 g burkar cannellinibönor, avrunna och sköljda
100g / 4oz ljust farinsocker
175 g / 6 oz beredd tomatsås
175 g / 6 oz gyllene sirap
1 tsk torrt senapspulver
1 tsk mald ingefära
1 tsk torkad timjan
¼ tesked mald kanel
¼ tesked mald kryddpeppar

2 lagerblad

nymalen svartpeppar, efter smak

50g / 2oz pepparkakor, grovt krossade

Blanda alla ingredienser, utom peppar och ingefärssmulor, i långsamkokaren. Krydda efter smak med peppar. Täck över och koka på låg tills det tjocknat, ca 6 timmar, blanda i ingefärssmulorna den sista timmen. Kasta lagerbladen.

Dijonbetor

Senap passar fantastiskt bra med den jordnära smaken av rödbetor. Du kan också prova olika senap, som pepparrotsenap, fullkornssenap eller honung.

för 4 personer

450 g / 1 lb rödbetor, skalade och tärnade (1 cm / ½ tum)
1 liten lök finhackad
2 pressade vitlöksklyftor
75 ml / 2½ fl oz gräddfil
1 msk majsmjöl
2 msk dijonsenap
2-3 tsk citronsaft
salt och vitpeppar efter smak

Kombinera rödbetor, lök, vitlök och gräddfil i långsamkokaren. Täck över och koka på hög värme tills rödbetorna är mjuka, ca 2 timmar. Tillsätt den kombinerade majsmjöl, senap och citronsaft, rör om i 2 till 3 minuter. Smaka av med salt och peppar.

rödbeta med honung

Rödbetor är lätta att skala om de tillagas med skalet på; bara skölj med kallt vatten så kan huden tas bort. Koka dem sedan igen i en sötsur blandning med nötter och torkad frukt.

för 6

700 g / 1½ lb medelstora rödbetor, oskalade
450 ml / ¾ pint varmt vatten
½ rödlök, mycket finhackad
2 pressade vitlöksklyftor
40 g / 1½ oz vinbär eller russin
3-4 matskedar rostade valnötter
75g / 3oz honung
2-3 matskedar rödvinsvinäger
1 msk smör
salt och nymalen svartpeppar efter smak

Kombinera rödbetor och vatten i långsamkokaren. Täck och koka på hög tills rödbetor är mjuka, 2 till 2 1/2 timme. Tömma. Skala rödbetan och skär den i 2 cm / ¾ tärningar. Kombinera rödbetorna och resten av ingredienserna, förutom salt och peppar, i långsamkokaren. Täck över och koka på hög i 20 till 30 minuter. Smaka av med salt och peppar.

Sockerglaserad brysselkål och vårlök

Små inlagda lök smakar fantastiskt med brysselkål i denna enkla rätt. För snabb skalning, blanchera först löken i kokande vatten i 1 minut.

För 4 till 6 portioner

225g / 8oz små brysselkål, halverad om den är stor
225g / 8oz vårlök
375 ml / 13 fl oz varmt vatten
15 g / ½ oz smör
50 g / 2 oz strösocker
salt och vitpeppar efter smak

Kombinera brysselkålen, löken och vattnet i långsamkokaren. Täck över och koka på hög värme tills de är mjuka, cirka 2 timmar. Tömma. Tillsätt smöret och sockret. Täck över och koka på hög värme tills de är glaserade, cirka 10 minuter. Smaka av med salt och peppar.

Vinbräserad kål

Anis- och kumminfrön, med knaperstekt kokt bacon, ger kålen en dimension av smak.

För 4 till 6 portioner

1 vitkål, tunt skivad
2 små hackade lökar
½ hackad grön paprika
3 vitlöksklyftor, krossade
½ tsk kummin, krossade
½ tesked anisfrön, krossade
50 ml / 2 fl oz grönsaksbuljong
50 ml / 2 fl oz torrt vitt vin
2 rashers bacon, tärnade, kokta tills de är knapriga och avrunna
salt och nymalen svartpeppar efter smak

Kombinera alla ingredienser, utom bacon, salt och peppar, i långsamkokaren. Täck och koka på hög tills kålen är mjuk, 3 till 4 timmar. Tillsätt baconet. Smaka av med salt och peppar.

gräddkål

Ett bra tillbehör till söndagsstek, speciellt fläsk, men även vegetariska nötstek.

För 4 till 6 portioner

1 vitkål, tunt skivad
2 små hackade lökar
½ hackad grön paprika
3 vitlöksklyftor, krossade
½ tsk kummin, krossade
½ tesked anisfrön, krossade
50 ml / 2 fl oz grönsaksbuljong
50 ml / 2 fl oz torrt vitt vin
120 ml gräddfil
1 msk majsmjöl
salt och nymalen svartpeppar efter smak

Kombinera alla ingredienser, utom gräddfil, majsmjöl, salt och peppar, i långsamkokaren. Täck och koka på hög tills kålen är mjuk, 3 till 4 timmar. Tillsätt den kombinerade gräddfilen och majsmjölet. Täck över och koka på låg värme i 5 till 10 minuter. Smaka av med salt och peppar.

Morotspuré med ingefära

Denna traditionella franska grönsakspuré kan enkelt göras i slow cookern. Den har en intensiv smak och en sammetslen konsistens.

Serverar 6 till 8

900g / 2lb morötter, skivade
350g / 12oz mjölig potatis, skalad och tärnad
250 ml / 8 fl oz vatten
15–25 g / ½ – 1 oz smör eller margarin
50–120 ml / 2–4 fl oz lättmjölk, varm
½ tesked mald ingefära
salt och nymalen svartpeppar efter smak

Kombinera morötter, potatis och vatten i långsamkokaren. Täck över och koka på hög värme tills grönsakerna är väldigt mjuka, ca 3 timmar. Dränera väl. Bearbeta morötter och potatis i en matberedare eller mixer tills de är slät. Återgå till långsamkokaren. Koka på hög värme utan lock tills blandningen är mycket tjock, cirka 30 minuter, rör om då och då. Vispa ner smöret eller margarinet och tillräckligt med mjölk i blandningen för att få en krämig konsistens. Tillsätt den malda ingefäran. Smaka av med salt och peppar.

Blomkål och fänkålspuré

Det enklaste sättet att förbereda blomkål är att dela den i små buketter.

Serverar 6 till 8

900 g / 2 lb blomkål, skivad
350g / 12oz mjölig potatis, skalad och tärnad
250 ml / 8 fl oz vatten
15–25 g / ½ – 1 oz smör eller margarin
50–120 ml / 2–4 fl oz lättmjölk, varm
1–1½ tsk krossade kummin eller fänkålsfrön
salt och nymalen svartpeppar efter smak

Kombinera blomkål, potatis och vatten i långsamkokaren. Täck över och koka på hög värme tills grönsakerna är väldigt mjuka, ca 3 timmar. Dränera väl. Bearbeta blomkål och potatis i en matberedare eller mixer tills de är slät. Återgå till långsamkokaren. Koka på hög värme utan lock tills blandningen är mycket tjock, cirka 30 minuter, rör om då och då. Vispa ner smöret eller margarinet och tillräckligt med mjölk i blandningen för att få en krämig konsistens. Tillsätt fänkåls- eller kumminfrön. Smaka av med salt och peppar.

rotselleripuré

Selleri är också känd som rotselleri.

Serverar 6 till 8

900g / 2lb rotselleri, skivad
350g / 12oz mjölig potatis, skalad och tärnad
250 ml / 8 fl oz vatten
15-25 g / ½ - 1 oz smör eller margarin
50-120 ml / 2-4 fl oz lättmjölk, varm
salt och nymalen svartpeppar efter smak

Kombinera selleri, potatis och vatten i långsamkokaren. Täck över och koka på hög värme tills grönsakerna är väldigt mjuka, ca 3 timmar. Dränera väl. Bearbeta selleri och potatis i en matberedare eller mixer tills det är slätt. Återgå till långsamkokaren. Koka på hög värme utan lock tills blandningen är mycket tjock, cirka 30 minuter, rör om då och då. Vispa ner smöret eller margarinet och tillräckligt med mjölk i blandningen för att få en krämig konsistens. Smaka av med salt och peppar.

Örtad broccolipuré

Förbered broccolin genom att dela den i buketter och sedan skära de hårdare stjälkarna i korta bitar.

Serverar 6 till 8

900g / 2lb broccoli, skivad
350g / 12oz mjölig potatis, skalad och tärnad
250 ml / 8 fl oz vatten
15–25 g / ½ – 1 oz smör eller margarin
50–120 ml / 2–4 fl oz lättmjölk, varm
½ tsk torkad mejram
½ tsk torkad timjan
salt och nymalen svartpeppar efter smak

Kombinera broccoli, potatis och vatten i långsamkokaren. Täck över och koka på hög värme tills grönsakerna är väldigt mjuka, ca 3 timmar. Dränera väl. Bearbeta broccoli och potatis i en matberedare eller mixer tills de är slät. Återgå till långsamkokaren. Koka på hög värme utan lock tills blandningen är mycket tjock, cirka 30 minuter, rör om då och då. Vispa ner smöret eller margarinet och tillräckligt med mjölk i blandningen för att få en krämig konsistens. Tillsätt mejram och timjan. Smaka av med salt och peppar.

Orange glaserade babymorötter

En kryddig glasyr för morötter gör en trevlig förändring. Det är även gott med sötpotatis eller rödbetor.

för 4 personer

450 g / 1 lb baby morötter

175 ml / 6 fl oz apelsinjuice

15 g / ½ oz smör

100g / 4oz ljust farinsocker

½ tsk mald kanel

¼ tesked mald muskotblomma

2 matskedar majsmjöl

50 ml / 2 fl oz vatten

salt och vitpeppar efter smak

Kombinera alla ingredienser, utom majsmjöl, vatten, salt och vitpeppar, i långsamkokaren. Täck över och koka på hög värme tills morötterna är mjuka, ca 3 timmar. Vrid värmen till hög och koka i 10 minuter. Tillsätt det kombinerade majsmjölet och vattnet, rör om i 2-3 minuter. Smaka av med salt och peppar.

www.ingramcontent.com/pod-product-compliance
Lightning Source LLC
Chambersburg PA
CBHW070420120526
44590CB00014B/1471